신사임당, 하이테크놀로지를 만나다

신사임당, 하이테크놀로지를 만나다

—

김세서리아 지음

2014년 1월 6일 초판 1쇄 발행

펴낸이 한철희 | 펴낸곳 돌베개 | 등록 1979년 8월 25일 제406-2003-000018호
주소 (413-756) 경기도 파주시 회동길 77-20 (문발동)
전화 (031) 955-5020 | 팩스 (031) 955-5050
홈페이지 www.dolbegae.com | 전자우편 book@dolbegae.co.kr
블로그 imdol79.blog.me | 트위터 @Dolbegae79

편집 최혜리
표지디자인 정계수 | 본문디자인 이은정·이연경·박정영·강영훈
마케팅 심찬식·고운성·조원형 | 제작·관리 윤국중·이수민
인쇄·제본 한영문화사

ISBN 978-89-7199-584-6 (03100)
이 도서의 국립중앙도서관 출판시도서목록(CIP)은 e-CIP 홈페이지
(http://www.nl.go.kr/ecip)에서 이용하실 수 있습니다.(CIP제어번호: CIP2013028395)

책값은 뒤표지에 있습니다.

김세서리아 지음

신사임당, 하이테크놀로지를 만나다

돌베개

차 례

프롤로그　신사임당, 하이테크놀로지를 만나다　　　　　　　　　　　　　7

제1장　부덕婦德: 모성과 생식 테크놀로지

대 잇기의 과제 기자 치성에서 시험관아기까지　　　　　　　　　　　20

아들 낳기를 기원하는 사람들 · 대 잇기를 위한 전통적 노력 · 생식 테크놀로지, 여성을 해방시키다? · '후남이', '종말이'의 비애 · 여성의 선택권 · 난자의 수난: 생식 기술과 젠더

어머니 몸과 생식 테크놀로지 전통 태교와 초음파 기술　　　　　　　35

구사와 부덕 · 전통 태교의 새 바람, 헌 바람 · 반갑다, 태아야 · 어머니의 느낌 vs. 전문가의 해석

가부장제와 모성 전통 시대 현모, 현대 사회 '뛰모'　　　　　　　　46

강한 자여, 그대 이름은 어머니? · 가부장제와 모성의 이중주 · 모성 이데올로기: 현모와 뛰모, 그리고 슈퍼우먼

제2장　부언婦言: 여성의 말, 여성의 글

여성의 목소리 침묵하는 여성들, 모바일을 탄 여성들　　　　　　　62

눈멀어 3년, 귀먹어 3년, 벙어리 3년 · 모바일을 탄 여성들 · 모바일 문화와 서사적 자아 · 디지털 모바일 테크놀로지 안의 젠더 · 모바일은 슈퍼맘을 싣고

여성적 글쓰기 규방의 글쓰기와 사이버 공간 속 글쓰기　　　　　　76

끼를 감추기: 글을 불태우다 · 규방 속의 글쓰기 · 여성들의 이야기가 품은 힘 · 내 끼를 드러내기, 그러나 나를 가리기 · 상상적 글쓰기, 현실 위반의 힘

제3장 **부용**婦容: 권력, 규율, 여성의 몸

시공간에서 배제되는 여성의 몸 가마 탄 마님, BMW 타는 사모님 　**96**

빠름빠름빠름, 남성적 기호로서의 자동차 · 걷지도, 말을 타지도, 평교자를 타지도 말라!: 공간
적 배제, 그러나 일종의 특권 · 옥교자, 아무나 타나? · 시간은 금이다, 아니 돈이다 · 빨라
야 안심하는 사람들 · BMW 타는 사모님

사이보그 시대의 하이브리드 부용 도덕적 몸 가꾸기와 미용 성형 　**111**

예뻐서 죄송합니다? · 지금은 성형 시대 · 수신하는 요조숙녀 vs. 성형하는 현대 여성 · 사
이보그 시대의 하이브리드 부용

제4장 **부공**婦工: 여성의 일과 기술

주사의와 여성 주체 프랑켄푸드 시대의 음식과 여성의 힘 　**130**

음식, 억압성과 힘 · 전통 시대, 음식과 여성의 이중적 관계 · 패스트·슬로우 푸드 시대의 음
식 자본과 여성 · 프랑켄푸드 시대의 음식과 현대판 주사의

봉임칙과 능부 바느질과 길쌈, 미싱과 봉제의 미학 　**140**

한 땀 한 땀 바느질: 교양 여성이 되는 길 · 바느질, 수놓기, 길쌈: 능부가 되는 길 · 여성의 바
느질, 남성의 바느질

가사노동과 가정 기술 빨래터와 자동 세탁기, 부엌과 시스템 키친 　**148**

빨래터에서 이루어지는 부덕 · 전자동 세탁기와 여성 노동 · 부엌, 전통적 여성 · 다이닝 키
친, 시스템 키친 그리고 여성 · '부공'의 부담은 사라졌는가

에필로그 　'테크노 페미니즘'과 '테크노 부녀사덕' 사이 　**164**
참고문헌 　**172**

신사임당, 하이테크놀로지를 만나다

늑대소년은 늑대와 함께 살면서 인간이 아니라 늑대인간이 되었다고 한다. '최신 버전의 테크놀로지'인 하이테크놀로지 시대에 고도로 발전된 기술의 힘에 의지하여 살아가는 우리도 어쩌면 그냥 인간이 아니라 기계인간인지도 모른다. 그만큼 기계는 인간의 삶을 설명하는 중요한 코드가 되었고 기계의 힘이 아니고선 하루 한시도 편하게 살기 어렵게 되어 버렸다. 기존에 인간이 하던 일이 하이테크놀로지의 힘으로 대치되면서 인간의 삶은 점점 더 편리해졌고, 육체적 힘의 차이도 쉽게 극복할 수 있는 대상이 되었다. 때문에 많은 사람들은 사회가 발전하고 과학기술의 수준이 높아질수록 인간의 삶은 점점 더 편리하고 평등해질 것이며, 기술은 인간 억압을 종료할 막강한 힘이 되리라 기대한다.

과연 기술은 전통 시대의 한계를 극복할 유용한 수단일까? 또 과연 기술은 가치중립적인 것일까? 기술을 장악하고 통제하는 사람은 누구일까? 과학기술의 수준이 높아지는 것에 비해 우리는 이러한 물음에 대해 무관심했거나 그 논의를 희석시켜 왔다. 기술이 개발되어 제한적이나마 그 혜택을 받게 되었을 경우 사람들은 기술이 기존 사회의 불평등한 관계를 지속시킨다는 사실을 인지하거나 드러내지 못하곤 한다. 그러나 기술이 만들어지고, 발전하고, 이용되는 메커니즘을 간과한 채 기술을 가치중립적이라 여기거나 미래를 낙관하는 일은 기존의 불평등한 체계를 그대로 유지하거나 오히려 강화한다. 발전된 과학기술에 대한 믿음은 기술을 통한 지배 계급의 세력 유지를 교묘하게 숨기고 있다.

　물론 기술 그 자체는 인간에 대해 억압적이지도, 해방적이지도 않다고 말할 수 있을 것이다. 하지만 누구에 의해서 어떻게 창안되었는지, 누가 어떻게 사용하는지에 따라 기술의 가치는 매우 달라진다. 기술이란 진공상태에서 개발되고 사용되는 것이 아니라 현존하고 있는 사회·경제·문화적 구조 안에서 기존의 가치와 규범을 그대로 반영하면서 형성된다. 계층·젠더·인종·민족·국가·나이 등의 요소의 영향을 주요하게 받고, 역으로 기술 역시도 위의 내용을 구성하는 데에 간과할 수 없는 요소로 작용한다. 이런 과정에서 예컨대 여성에게 편리함과 자유를 선사할 것만 같은 기술이 성적 불평등을 강화하는 방식으로 사용되는가 하면, 반대로 여성에게 억압적으로 작용할 듯한 기술이 양성평등에 유리한 것으로 사용되기도 한다. 따라서 과학기술은 결코 가치중립적이지 않으며, 아무리 기술이 고도로 발달한다 해도 그 기술이 반드시 전통 사회의 약자를 해방시키거나 유리하게 이끄는 것은 아니다.

수많은 기술이 중첩되고 융합되는 속에서 기술에 대한 낙관적 기대가 팽배한 요즘, 사람들은 종종 테크노 페미니즘에 매료되곤 한다. 페미니즘 진영에서 기술이 여성에게 장밋빛 미래를 보장할 수 있을지 아니면 잿빛으로 다가올지는 많은 논쟁거리를 제공해 왔다. 장밋빛 미래를 약속하는 논의의 핵심에는 로봇, 자동인형장치, 안드로이드 등이 있다. 인공 임신 기술의 소개로서 여성들이 임신과 출산의 문제에서 자유로워졌다고 하고, 고도의 인지 능력을 지닌 가사기술 도우미 로봇이 있어서 여성들의 가사노동 부담도 덜어질 수 있다는 것이다. 또 인간과 기계의 혼종인 사이보그 이미지를 통해 젠더 문제도 극복할 수 있다고 논해진다. 이처럼 기술이 고도로 발전하는 속에서 여성억압, 젠더 문제 등은 낡은 담론으로 될 것이라는 생각이 팽배하다.

이러한 현상과 문제의식을 둘러싸고 이 책은 전통 여성 규범과 과학기술에 대한 일반적인 생각들을 다시 생각해 보려 한다. 이러한 두 가지 결을 아울러 표현한 키워드가 '신사임당'과 '하이테크놀로지'다.

신사임당申師任堂(1504~1551)은 흔히 모범적인 전통 여성으로 제시되는 인물의 이름이다. 그의 자취가 남은 강릉 오죽헌은 문화재로 지정되어 많은 이들이 지금도 신사임당과 그의 아들 이율곡을 추앙하고 기린다. 하지만 현대를 사는 우리 모두가 신사임당을 이 시대의 본받을 만한 여성상으로 꼽지는 않는다. 몇 년 전 5만 원권 모델로 그가 선정되었을 무렵 온 나라가 시끄러웠던 일이 있다. 지폐 그림에 여성 인물이 하나쯤은 들어가야 한다는 것에 대개가 동의하면서도 그 인물이 신사임당이어야 하는지에 대해서는 의견 일치가 쉽지 않았던 것이다.

신사임당을 전통적 현모양처로 드높이는 입장에서는 그가 여성이 지켜야 할 부덕婦德의 소임을 온전히 다한, 훌륭한 한국의 여성상이라 말한다. 사임당이라는 그의 자호는 중국 주나라 문왕의 어머니인 '태임'太任을 '본받겠다'[師]는 뜻이다. 이는 그가 훌륭한 아들을 키워 낸 역사 속의 현숙한 여성을 스스로 본받고자 했다는 것을 드러낸다. 실제로 그는 훌륭한 아들을 키워 낸 어머니이자 남편의 내조를 훌륭히 한 아내였으며 시부모를 잘 공경한 효부였다고 칭송된다. 그를 설명하는 이러한 칭호들은 신사임당이 전통 사회가 강조했던 부덕을 솔선해서 잘 실천했다는 것을 보여 준다. 이런 면에서 신사임당은 전통적 현모양처의 표상인 것이다. 지폐에 신사임당이 실리는 것을 크게 반대한 일부 여성계의 입장도 그에 따른 것이었다. 신사임당은 가부장제 사회의 이상적 아이콘이기 때문에 그러한 여성상을 현대 사회의 모델로 세운다는 건 현모양처 이데올로기를 공고히 하려는 보수적인 발상이라는 것이다.

그러나 한편 신사임당을 긍정적으로 보는 입장도 결코 한 가지가 아니다. 신사임당에게는 다른 면모도 있었다. 그는 혼인 후에도 시집에 들어가지 않고 집안의 아들 역할을 하며 친정에 오래 머물러 살았다. 친정아버지의 3년상을 치르고 홀로 남은 어머니를 오랫동안 모시다가 38세가 되어서야 서울의 시집으로 들어갔다. 당시 친정이 있는 강릉을 떠나며 사임당이 남긴 시 「대관령을 넘으며 친정을 바라보다」·「어머니를 생각하며」에는 친정어머니를 그리워하는 마음이 애잔하게 담겨 있다. 그런가 하면 그는 자신이 먼저 죽더라도 남편이 재혼하지 않기를 바라는 의사를 표명하기도 했다. 또 그림과 글씨, 자수 등을 통해 자신의 예술적 감각과 문학적 소질을 발휘하는 데 소홀하지 않아 자아실현이라는 측면에서도 뒤지지 않는, 주체적 면모를 갖춘 여성이었다. 이러한 사실들을 통해 볼 때 신사임당을 단순히 전통 유교 이념에 수동적으로 순응한 여성이라 평가하는 것이 옳을지, 의문을 품을 만하다. 신사임당을 현모양처의 아이콘으로 볼 것인지, 아니면 전통 사회에서 보기 드문 주체적이었던 여성으로 평가할 것인지는 그의 삶과 행적에서 어떤 지점을 강조하느냐에 따라 달라진다.

이 책에서 '신사임당'을 표제로 삼은 이유는 그 이름이 이처럼 '현모양처'와 '주체적 여성'을 둘 다 담아내고 있는 상징이기 때문이다. 훌륭한 아들을 키워 낸 어머니, 남편의 내조를 잘한 바람직한 아내라는 유교적 여성상뿐만 아니라, 홀로 두고 온 친정어머니를 그리워하는 마음을 시로 드러낸 딸, 남편의 재혼을 원치 않는 아내, 예술작품으로 자신을 표현한 인간으로서의 모습까지 담은 다면적 여성을 불러내고자 한 것이다.

이처럼 신사임당으로 대표되는 전통 여성 안에는 유교 이념에 기반한 가부장적 사회에 순응하는 자아가 있었던 한편에 억압을 느끼고 고통 받으며 타고난 대로의 자신을 표현하고자 하는 자아가 함께 있었다. 그러한 수많은 신사임당들이 마침내 새로운 시대를 만나게 되었다. 과학기술을 통해 인간이 훨씬 편리하고 평등하게 살 수 있게 되었다는 하이테크놀로지의 시대를 살아가게 된 것이다.

그러나 우리가 서두에서 의문을 품었던 바와 같이 '하이테크놀로지'는 결코 완벽한 인간 해방의 수단이 아니다. '하이테크놀로지를 만난 신사임당'은 분명 성적 차별과 사회적 억압으로부터 벗어날 가능성을 선물 받았으나, 한편으로는 여전히 억압적인 상황 속에 남겨져 있다. 이 글에서는 이러한 두 지점을 함께 생각해 보고 드러내고자 한다. 즉 여성이라는 사회적 성 역할이 과학기술이라는 새로운 개념과 만난 결과가 무엇인지, 둘의 관계가 현대 사회에서 어떻게 작동하고 있는지를 살펴볼 것이다.

과연 하이테크놀로지는 전통적으로 여성의 한계라 일컬어져 온 것들을 극복하게 만들어 주는가? 하이테크놀로지는 여성의 삶에 얼마나 긍정적인 효과를 가져다주었을까? 거기에도 한계가 있다면 무엇일까? 혹시 하이테크놀로지가 여성에게 일종의 속임수를 쓰고 있는 것은 아닐까? 하이테크놀로지 시대에 여성은 어떠한 위치에 존재하는가? 또 여성들은 이러한 하이테크놀로지에 대해 어떤 목소리, 어떤 몸짓으로 대응하는가?

'신사임당'과 '하이테크놀로지'의 만남 속에는 서로 충돌하는 담론들, 입장들, 의미들의 복잡성이 내재해 있다. 전통과 현대, 동양과 서양, 부녀사덕과 하이테크놀로지, 억압과 해방이라는 이분법적인 사유를 넘어서서 그들이 교차하고 혼합되어 존재하는 지평이 있다. 이 책에서는 이 두 개의 암호를 통해 '전통 유교 이념'과 '첨단 과학기술', '여성'이 교차하며 만들어 내는 세계에 들어서고자 한다.

　문제에 효과적으로 접근하기 위해 이 책에서는 전체의 구성을 '부녀사덕'婦女四德에 기반한 네 범주로 나누어 마련하였다. 부녀사덕이란 전통시대 여성에게 강조되던 네 가지 덕행이다.『예기』「혼의」에서 "가정이 화목하고 다스려지기 위해선 부순婦順의 도를 따르는 것이 중요한데 이를 위해 옛날에는 부인이 시집가기 석 달 전에 부덕·부언·부용·부공을 가르쳤다"고 설명한 이래, 부녀사덕은 후대 여성 규훈서의 기본적인 내용이 되었다.

　여기서 부덕婦德이란 정숙하고 우아하고 곧고 얌전하고 절개를 지키고 온갖 행동에 법도가 있는 것을 가리킨다. 부언婦言이란 때에 알맞고 좋은 말만 가려 말하는 것을 말한다. 또 부용婦容이란 의복을 더러움 없이 잘 빨아 씻어 내고 깨끗하게 마련하며, 때때로 목욕해 몸을 깨끗하게 유지하는 일이다. 마지막으로 부공婦工은 정성 들여 길쌈하고, 술과 밥을 포함한 각종 음식을 정결하고 맛있게 만들어서 잘 대접하는 것을 말한다. 곧 이는 각각 생식, 언어생활, 용모, 노동 면에서 여성의 소임을 규범화한 것이다.

여성 규훈서의 저자들은 하나같이 이 부녀사덕을 나름의 방식으로 설명하고 강조해 왔다. 조선 성종의 어머니 소혜왕후는 『내훈』 「언행」 장에서 "여자의 덕행이란 반드시 재주와 총명이 남달리 뛰어난 것만을 이르는 게 아니고, 여자의 말씨란 반드시 입담이 좋고 말을 잘하는 것만이 아니며, 여자의 용모란 반드시 얼굴이 아름답고 몸매가 고운 것만이 아니고, 여자의 솜씨란 반드시 손재간이 남보다 뛰어난 것만을 말하지 않는다"고 말한다. 퇴계 이황도 『규중요람』에서 부덕은 부끄러움이 없도록 행동하는 것으로, 부언은 할 말을 분별하여 하는 것으로, 부용은 몸을 깨끗하고 청결하게 하는 것으로, 부공은 웃고 노는 것을 즐기지 않고 길쌈에 전념하며 손님 대접을 잘하고 바느질 솜씨가 좋아 바느질, 자수, 길쌈, 손님 접대 등의 가사노동에 힘쓰는 것이라고 규정했다.

이러한 부녀사덕을 기준으로 이 책에서는 각 장에서 다음과 같은 주제와 내용을 다루려 한다.

제1장 **부덕** 婦德**: 모성과 생식 테크놀로지**에서는 전통 유교 사회에서 여성들이 담당하였던 일 중에 가장 중요하고도 기본적인 것으로 간주되었던 대 잇기, 임신, 태교, 출산, 양육, 교육의 문제를 다룬다. 생식과 관련한 일들이 전통 사회에서는 어떻게 여성억압과 연결되었는지, 피임·낙태·인공수정·시험관아기 등과 같은 기술을 통해 임신과 출산을 통제하고 양육을 사회화할 수 있게 된 하이테크놀로지 사회 속에

서는 그것이 얼마만큼 극복되었는지, 혹은 여전히 남아 있는지에 대해 논의한다.

제2장 **부언婦言: 여성의 말, 여성의 글**에서는 여성들의 언어생활이 가부장제 안에서 억압된 상황과 더불어 여성의 말과 글이 가진 역동적이고 저항적인 힘에 대해 논의하려 한다. 상상적 경험을 통해 자기 안에 내재되어 있는 관심과 욕구를 대리 만족함으로써 현실에서의 금기를 위반하는 힘을 만들어내는 여성의 말과 글이 전통 시대에는 규방 속에서, 현대 사회에서는 사이버 공간 안에서 어떻게 펼쳐지게 되었는지 그 양상을 밝혔다.

제3장 **부용婦容: 권력, 규율, 여성의 몸**에서는 전통 사회와 현대 사회에서 여성의 몸이 훈육되고 배제되는 방식을 다루었다. 여성을 규방에 가두는 전통 사회의 공간적 배제, 이미지의 차원에서 여성에게 가해지는 현대 사회의 자본적·시간적 배제를 각각 '가마'와 '자동차'라는 탈것을 통해 살펴보았다. 한편 '부용'이라는 덕목을 통해 전통 여성들에게 부과되었던 몸가꾸기에 대한 훈육이 현대 사회의 외모 담론에서 얼마나 같고 다르게 변화했는지도 분석했다.

제4장 **부공婦工: 여성의 일과 기술**에서는 전통적으로 여성들이 맡아 왔던 의식주를 중심으로 한 노동들이 하이테크놀로지를 만나면서 얼마만큼 해방적으로 변했는지를 논했다. 전통적으로 여성이 맡아 왔던 밥상 차리기, 빨래, 길쌈과 바느질 등의 노동이 산업사회로의 진입 과정 속에서 어떤 방식으로 변화가 일어났는지를 살폈다. 과연 하이테

크놀로지가 선사한 최신식 가전제품과 다양한 가정생활 관련 기술의 보급이 가사노동을 실제로 얼마나 절감시킨 것인지, 이로써 더욱 명료하게 살펴볼 수 있을 것이다.

제1장 부덕婦德

모성과 생식 테크놀로지

가부장제 사회에서 여성은 임신하고 출산하는 몸을 가진 사람으로 규정된다. 생식이 여성에게 특별히 중요한 기능이라는 의미를 담고 있다. 임신·출산·양육과 연관된 몸을 지녔으므로 그것을 온전히 수행하는 것이 여성의 임무라는 말에는, 결국 여성의 정체성은 생식과 관련해서만 마련될 수 있다는 논리가 포함되어 있다. 평생토록 임신·출산·양육의 상황에서 벗어날 수 없는 조건 속에서 엄마가 아닌 다른 정체성을 갖기란 상상하기조차 어려워진다.

이렇게 보면 임신·출산의 개인적 통제 가능성과 양육의 사회화는, 여성을 가정 밖으로 이끌어 내서 단지 어머니라는 정체성만이 아니라 다른 정체성을 마련할 수 있게 하기 위한 매우 좋은 조건이 된다. 이러한 맥락에서 임신과 출산을 조절하는 문제는 페미니즘의 중요한 논의사안이 되어 왔으며, 실제로 여성이 남성과 평등한 대열에 서게 하는 데 큰 도움을 주기도 했다. 피임약의 개발과 낙태 기술의 발전으로 여성은 스스로 임신을 통제할 수 있게 되었고, 이로 인해 많은 여성이 사회활동을 할 수 있게 되었다. 또한 이러한 상황은 여성이 어머니가 아닌 다른 정체성을 마련할 수 있는 근거가 되기도 했다.

그럼에도 불구하고 출산 통제가 가능해진 상황 자체가 여성의 자기결정권을 강화하고 지위를 향상시켰다고 이해할 수만은 없는 측면도 있다. 여성의 자기결정권이란 여성이 자기 몸에서 일어날 일에 대해 스스로 판단하고 선택하며 통제할 수 있는 권리를 의미하는데, 현대 사회의 발달된 생식 테크놀로지를 장악하고 통제권을 가진 사람이 누구인가를 생각해 보면, 출산 통제가 가능해진 현실 그 자체가 곧바로 여성해방일지 따져 볼 여지가 있다.

아무리 기술이 발달했다 해도 생식의 문제는 여전히 여성과 더 긴밀하며 여성에게 내재된 자연적 본질로 이해되고, 모성 역시도 생물학적으로 환원되는 특성으로 인식되곤 한다. 또한 고도로 발달된 현대의 생식 기술 과정은 매우 복잡하고 전문화되어 있고 그 기술이 남성 중심 사회의 통제 아래 있기 때문에 결국 여성은 생식의 문제에서 전적으로 해방되지 못했다. 출산 통제의 문제에 반드시 여성의 자기결정이 전제되어야 한다는 여성주의 정치적 관점으로 볼 때, 현재 우리의 생식 기술 메커니즘은 여성주의와 첨예하게 대립하기도 한다.

대 잇기의 과제
기자 치성에서 시험관아기까지

아들 낳기를 기원하는 사람들

많은 사람들이 유가 철학은 내세를 상정하지 않고 죽음보다는 현실적 삶에 더 치중하였다고 생각한다. 이것은 사실이기도 하지만 전적으로 옳지만도 않다. 왜냐하면 내세를 상정하지 않는 유가 철학에서도 인간의 영원한 삶은 여전히 염원의 대상이었기 때문이다. 단지 그것이 여타의 종교들과는 다른 방식으로 나타났을 뿐이다. "삶도 아직 모르는데 죽음을 어찌 알랴?"라는 공자의 말은 죽음이 삶보다 중요하지 않다는 의미가 아니라, 현실적 삶을 잘 살면 죽음도 잘 알게 된다는 차원으로 해석해야 한다. 영생에 대한 유가 철학의 사고 역시도 이 같은 맥락에서 이해할 수 있다.

유가 철학에서는 조상의 몸과 내 몸이 긴밀하게 연결되어 있다고 여기며, 따라서 영생은 서로 연결되어 있는 몸들이 삶을 이어가는 릴레이 방식으로 모색된다. 다시 말해 개별적인 한 몸의 영생을 도모하는 것이 아니라 세대와 세대를 잇는 방식을 통해 영생이 이루어지기를 기원하는 것이다. 먼 조상으로부터 후손에 이르기까지 몸을 잇는 유가적 영생의 방식은 혼인과 생자生子(아들 낳기)라는 방편을 통해서 실현될 수 있다. 유가 철학에서 무엇보다 혼인을 중요시한 것은 이러한 맥락 속에 있다. "혼례에 음악을 사용하지 않는 것은 그윽하고 숨겨진 뜻이 있기 때문이다. 혼례는 축하할 일이 못 되는데 이는 혼례에 세대교체라는 의미가 담겨 있기 때문이다"라는 『예기』의 언급은, 혼인과 생자가 유교적 방식에서 영생의 의미를 띤 것임을 잘 보여 준다. 전통 유교 사회에서 혼인은 당사자들의 성애에 기반한 예식의 의미보다는 가문의 보전을 위한 세대교체의 의미를 강하게 지니는 셈이다. 따라서 세대를 물려주는 부모의 심정을 헤아려 본다면 서글픈 일이기도 하니, 혼례가 마냥 기쁠 수만은 없다고 본 것이다.

전통 유교 사회에서 '일정한 나이가 되면 집안에서 정해 준 상대와 혼인하고 출산하여 대를 잇는다'는 건 매우 일반적인 생각이었다. 남성이든 여성이든 결혼하여 아들 낳는 일은 바람직한 인간이 되는 첫째 요건이어서, 혼인과 출산의 의무를 이행하지 않고서는 온전한 성인의 역할을 다하였다고 인식되지 않았다. 대를 잇지 못함이란 이제까지 이어져 온 조상과의 유대를 끊어 놓는 일이자, 자기 대에서 영생을 단절뇌게 하는 일이었기 때문에 불효 중의 불효로 간주되었다. 특히 여성에게는 그 책임이 더욱 강조되고 억압적으로 강제되었다. 출산의 의무를 다하지 못한 여성, 아들을 낳지 못한 여성은 칠거지악 중의 하나를 범한 죄인으로 간주되었고, 이는 일방적으로 여성을 내칠 수 있는 조건으로 여겨졌다. 아들을 낳은 어머니, 그리고 그 아들을 잘 키워서 집안을 훌륭하게 일으킨 어머니라야 여성으로서의 책임을 다한 것으로 인정되었던 것이다. 그렇기에 전통 사회 여성에게 출산은 결혼 생활을 존속시켜 주는 생존의 수단이자, 집안에서 자신의 지위를 확보하기 위한 수단이기도 하였다.

대 잇기를 위한 전통적 노력

이와 같이 전통 유교 사회는 가부장제의 유지를 위해서, 대 잇기를 중요한 과업으로 여겼다. 아들을 출산하지 못하는 경우에는 첩을 들이거나 양자를 들이는 방식, 또는 씨받이나 씨내리 등 을 두는 방법까지도 동원되었다. 아들 낳아 대를 잇는 일이 중요한 의무로 이해되던 문화 안에서 아들을 낳지 못한 부부가 가장 일반적으로 선택한 방법은 '입후'入後였다. 입후란 직계 적자에게서 아들을 얻지 못한 경우 가문의 대를 잇기 위하여 서자나 동족의 지자支子를 취하여 양자로 삼는 것을 말한다. 양자는 대부분 같은 성씨 안에서 이루어졌으나, 유교 전통이 공고해지고 일반화되기 이전까지는 다른 성의 남자아이를 양자로 삼거나 외손을 후사로 삼는 등의 일도 종종 행해졌다고 한다. 양자 후보는 일차적으로 가까운 친척에서부터 시작해 같은 성씨의 조카가 우선적으로 선택되었다. 아들이 없는 형이 동생 아들의 입후를 요구하는 것은 당연한 일이었고, 종갓집의 양자로 들어가는 것은 영광스런 일로 생각되었다. 가문을 잇는 장자에게는 그만큼의 혜택이 주어졌기 때문이다.(최재석, 1986)

입후 대상은 가까운 친척 안에서 구하는 것이 최선의 방법이었으나, 그러한 여건이 허락되지 않을 때에는 먼 친척으로까지 범위를 넓혀서 양자를 들여야 했다. 만약 그런 방법을 쓸 수 없게 되면 첩을 두어 아들을 얻는 방법을 택했다. 그러나 첩을 통해 얻은 아들의 경우 서자로 분류되어 과거제 등의 사회제도적 측면에서 불평등한 대접을 받을 수밖에 없었으므로 최선의 방법이 되지 못했다. 이 때문에 첩이 아니라 두 번째 부인을 맞이하는 방식, 즉 혼인을 두 번 하는 경우(복혼複婚)를 택하기도 했다. 비록 첫 부인은 아니지만 어쨌든 정식으로 부인을 맞이하여 아들을 얻는 것이므로 첩에게서 얻은 서자와는 다른 신분으로 대우받을 수도 있었기 때문이다. 하지만 일부일처제를 기본적인 혼인 형태로 간주하였던 조선 사회에서 두 번 결혼하는 일 역시 현실적으로는 실행되기 어려운 방법이었다. 또한 두 번째로 결혼하여 얻은 아들의 경우 비록 서자와 같은 대우는 아니라 할지라도 첫 번째 부인에게서 얻은 아들과는 다르게 차별이 있었으므로 이 또한 대를 이을 상자를 두기 위한 방편으로서 한계가 있었다.(김두헌, 1969)

반드시 아들을 낳아 대를 이어야 한다는 강박관념이 팽배했던, 부계 혈통을 강조한 전통 유교 사회는 '씨받이'라는 제도마저 허용하게 만들었다. 아이를 대신 낳아 주는 '대리모'인 씨받이 여성은 대개 낮은 신분 출신으로 혼인에 실패한 젊은 과부이거나, 아들을 잘 낳을 수 있는 몸매를 지닌 건강한 처녀였다. 아들을 낳으면 논밭 몇 마지기를, 딸을 낳으면 그 절반 혹은 곡식 몇 섬을 받았던 것으로 전해진다. 그런데 이러한 풍습은 씨받이인 여성 당사자뿐 아니라 씨받이를 들여야 하는 본부인의 고통 등을 포함해 전적으로 여성에게 가해지는 억압이었다. 그럼에도 불구하고 씨받이 제도는 아이를 낳아 주기만 하면 된다는 '일회용'적 성격이 강하였으므로, 첩을 들이거나 두 번 장가드는 일보다 상대적으로 수월하거나 본부인의 입장을 배려하는 방편으로 이해되었다.

아들을 낳아 대를 잇는 과업이 중요한 것으로 간주되는 사회에서는 아들을 낳을 수 있는 비방들도 갖가지로 전수되었다. 자연의 영험한 기운을 여성의 몸에 직접적으로 심기 위해 출산력을 높여 준다고 생각되는 자연식을 먹거나 출산과 연관된 사물을 몸에 지니는 일이 대표적이다. 임신·출산과 관련한 물건, 남근을 상징하는 물건을 몸에 지니거나 먹는 행위로는 도끼를 만들어 몸에 지니기, 망부석이나 돌미륵의 코를 문질러 먹기, 아들 낳은 집의 금줄을 얻어다 허리에 차기, 아들 많은 집의 수저라든가 아들 많이 낳은 여성의 속옷을 훔쳐다 입는 행위 등이 있었다. 달의 기운을 몸에 받아들이는 의식도 여성의 출산력을 높여 주는 가장 보편적인 방법으로 전수되곤 했다. 달의 주기가 여성의 생리 경험과 닮아 있다는 것이 여성의 임신·출산과 유비되었기 때문이다.

생식 테크놀로지, 여성을 해방시키다?

이러한 이야기들을 접하면서 현대 여성은 이것이 과거 전통 유교 사회에서나 일어났던 일이며, 이제는 더 이상 이런 일을 겪지 않아도 된다는 데 대해 깊은 안도의 한숨을 쉰다. 21세기에는 이러한 잔인무도하고 비과학적인 일이 더 이상 일어나지 않는다 믿기 때문이다. 확실히 남아 선호 사상은 과거와 비교해 상대적으로 약화되었고, 여러 가지 생식 기술이 발전함으로써 출산을 위해 첩을 들이거나 두 번째 부인을 맞이한다든지, 씨받이를 들이는 등의 방법은 동원될 필요가 없어졌다. 또 과학기술이 발달하여 임신과 출산의 과정이 소상히 밝혀짐에 따라 삼신할머니에게 빌거나 출산력을 높이기 위해 달의 기운을 받는 등 온갖 무가치하고 미신적인 행위를 할 필요는 더더욱 없어졌다.

그런데 이런 상황에서 벗어났다고 해서 현대 사회를 살아가는 여성이 임신과 출산이라는 굴레로부터 전적으로 해방되었다고 자신 있게 말할 수 있을까? 우리 사회에서 대부분의 사람들이 정말로 아들을 선호하는 의식으로부터 전적으로 자유로울까? 비록 전통 사회만큼은 아니더라도 가부장적 문화의 영향력이 아직도 강력하게 남아서 작동하는 것은 아닐까? 그 근간에 깔린 의식은 여전히 남은 채 그 의식을 관철시키기 위한 노력이 하이테크놀로지의 힘을 빌려서 오히려 강화된 건 아닐까? 혹 대 잇기와 혈통에 관한 강한 믿음들이 이제 신체와 관련해서뿐 아니라 가족 문제와 연관 지어져 불임 부부들에게 또 다른 갈등의 상황을 야기하고 있는 것은 아닐까?

분명 생식 테크놀로지의 개발은 일정한 범위 내에서 여성을 해방하고 여성의 신체적 자유와 편리를 확보해 주었다. 우선 피임약의 개발로, 원하지 않는 임신을 사전에 예방하거나 자신의 인생 계획에 따라 임신 시기를 조정할 수 있게 되었다. 또 시험관아기나 인공수정 기술의 개발, 난자나 자궁을 빌려주는 대리모 출산, 유전자 복제 등의 기술에 힘입어 아이를 낳지 못하는 고통에서 어느 정도 벗어날 수 있게도 되었다. 이러한 생식 기술의 발달은, 임신·출산과 연관한 여성의 생물학적 밀접성을 이용해 이데올로기를 강화해 온 가부장제에 대한 일정한 저항의 방편으로 활용될 수 있었다. 초음파 기술이 생식의 영역에 도입되고 보급됨에 따라 비교적 적은 비용으로 손쉽게 태아의 건강과 발육 상태를 확인할 수 있게 되었다.

하지만 모든 생식 기술이 생물학적 한계를 극복하여 여성해방을 가져올 것이라 단언할 수는 없다. 예를 들어 체외수정, 난자 기증, 인공수정, 대리모와 같은 테크닉은 유전적으로는 부모라는 개념을 완전히 바꿔 놓을 가능성을 품고 있음에도 불구하고, 현실적으로는 오직 자기 자식을 갖고자 하는 가치관을 강화하는 방향으로 사용되고 있다. 기술이, 아이 낳기를 여성의 가장 중요한 임무로 설정하는 가부장적 의식을 강력하게 재생산하는 수단에 그치고 마는 것이다. 그런 가운데 불임 여성은 여전히 아이를 낳지 못하는 몸, 부적절한 몸으로 남겨지게 되고 나아가서는 여성으로서의 자아정체 불안과 상실감을 경험하게 된다.

생식에 관한 테크놀로지의 개발과 시술 과정에서 그 기술이 전문가에게 독점되고 통제된다는 사실 또한 생식 기술의 획기적인 발전이 곧 여성해방으로 이어지지 않을 수 있음을 보여 준다. 여성의 임신과 출산은 기술을 가진 전문인에 의해 계획되거나 통제되고, 따라서 임신·출산의 전 과정에서 여성의 이해나 요구는 매우 제한적으로 반영된다. 이렇게 보면 가부장적 의식이 그대로인 한 아무리 여성들이 발전된 기술력을 향유하게 된다 하더라도 그것이 곧바로 임신·출산의 부담을 덜거나 해방의 길로 나아가는 일은 아님을 알 수 있을 것이다.

'후남이', '종말이'의 비애

초음파 기술이 태아의 성 감별에 사용되고 이를 통해 대량의 여아 낙태를 야기하게 된 상황은 가부장제가 기술을 만나서 심각한 폐

해를 낳은 단적인 예다. 전통 사회에서 대를 이을 아들을 낳기 위해서는 아들이 태어날 때까지 아이를 낳는 수밖에 없었다. 아들이 곧바로 태어나면 다행으로 여겨졌지만, 그렇지 않고 여자아이가 태어난 경우에는 남자아이가 태어날 때까지 계속해서 출산을 이어가야 했다. 아무리 간절히 아들만을 원한들 아이의 성별을 미리 골라 낳을 수 있는 방법은 없었기 때문이다. 아들이 태어나기를 바랐음에도 여자아이로 태어난, '반갑지 않은 딸'들에게는 '막년이', '후남이', '종말이'처럼 비하적이고 한탄 섞인 이름이 붙었다. 어떤 경우는 출생 자체가 가족들의 원망을 사는 비극이었다. 이러한 상황은 초음파 기술이 생식의 영역에 도입되기 이전까지, 아니 엄밀하게는 초음파 기술을 통해 성 감별을 하기 전까지 계속되었다.

의학 기술의 발전에 따라, 특히 초음파 기술과 낙태 기술이 고도로 발달하게 됨에 따라 임신과 출산의 영역은 새로운 국면을 맞이하게 되었다. 초음파 기술로 태아의 성별을 미리 알아내는 것이 가능하게 된 것이다. 출산 이전에 성 감별이 가능할 경우, 태어날 아기를 위한 출산 준비물을 마련하는 데 무척 유용하다. 또한 아기가 여자아이일지 남자아이일지 궁금한 가족들의 알 권리를 충족해 주는 방안이 되기도 한다. 하지만 그것은 반드시 충족되어야 할 필요가 있는 궁금증은 아니며, 특히 그 궁금증이 특정 성별만을 선호하는 생각으로부터 비롯돼 태아의 생명권을 존중하지 않는 방향으로 작용할 가능성도 있기 때문에 거기엔 위험이 도사리고 있다고 할 수 있다.

그럼에도 불구하고 초음파 기술을 통한 감별은 한동안 제한 없이 행해졌다. 사람들은 초음파 기술을 통해 태아의 성별을 미리 알아내기를 원했고, 이렇게 미리 알게 된 사실을 '필요 없는' 딸은 낳지 않고 낙태해 버리는 데 악용하였다. 아들을 선호하던 개인들과 가정 입장에서 초음파 기술을 통한 성 감별은 '남자아이만 골라 낳을 수 있는' 수단이 된 것이다. 이러한 행위는 실제로 비일비재하게 벌어졌다. 1980～1990년대에 아이가 여성이라는 이유만으로 벌어진 태아 살해 건수가 한 해에만 150여만 건으로 추정된다는 사실은 이것이 얼마나 참담한 상황이었는지 증명한다. 이로 인해 마침내 1987년에는 의사가 태아의 성별을 가족에게 미리 알려 주지 못하도록 제한하는 법이 만들어졌다.

　　그러나 이미 태아의 성 감별과 낙태가 기술적으로 가능한 일이 되었기 때문에, 여아 낙태는 여전히 암암리에 벌어졌고 신생아의 남초 현상은 한동안 지속되고 심화되었다. 이는 장기적으로도 사회적 파장을 불러왔다. 사회 구성원의 성비가 급격하게 붕괴하기 시작했기 때문이다. 이는 21세기 초 결혼 적령기 청년에게서 나타나는 심한 남초 현상으로 그대로 이어지고 있다. 가부장제로 인한 남아 선호 사상이 해소되지 않은 사회를 만났을 때 첨단 기술이 얼마나 잔인하고 폭력적인 방법으로 악용될 수 있는지를 단적으로 보여 주는 예다. 낙태 살해된 아이들은 물론이고 낙태 수술의 당사자인 임신부는 여성들이었다. 기술의 발달이 오히려 개인과 사회, 특히 여성에게 커다란 해악과 억압으로 다가온 것이다.

여성의 선택권

아들을 낳아 대를 이어야 한다는 부담은 전통 사회와 비교해 현대 사회에서는 아주 많이 약화되었다. '딸 바보'라 불리는 사람들이 생겨날 정도로 아들을 선호하는 분위기도 많이 사라진 듯하다. 또한 '누구의 강요도 없이' '자신이 원할 경우 자유롭게' 선택하고 결정할 수 있는 시험관아기 및 인공수정 등의 생식 기술도 마련되어 있다. 하지만 혈연 가족을 둘러싼 신화와 이데올로기, 그것이 요구하는 출산의 의무로부터 여성이 자유로워진 건 아니다. 환경오염, 스트레스, 과로 등 현대 사회의 여러 가지 문제들로 인해 늘어난 불임 부부들은 임신과 출산에 대한 부담으로 여전히 고통 받고 있다. 그들 중 많은 수가 발전된 첨단 생식 테크놀로지에 의지 '해야만' 하는 상황에 놓이게 된다.

불임 여성들이 생식 기술을 자발적으로 이용하는 건 '자신이 원하는 것'을 '자기 돈'으로 '자기 마음대로' 행하는 일임에 분명하지만, 왜 여성이 그 기술의 이용을 선택하게 되는지, 내막을 들여다보면 시정은 달라진다. 거기에는 부계 혈통을 이어야 한다는 의식이 여전히 강하게 작용하고 있고, 아이 낳는 일이 여성의 의무로 간주되는 현실도 고스란히 남아 있다. 이러한 문화 안에서 아이를 낳지 않고도 마음 편하다고 자부할 수 있는 여성은 사실 그리 많지 않다. 생식 기술을 사용하고자 하는 동기가 결코 여성 자신만의 자발적인 것이라 단언하기 어려운 이유다.

이 같은 문제와 더불어, 불임 여성이 생식 기술을 선택하고 사용하는 구체적인 과정에서는 얼마만큼의 '자기결정권'이 주어지는지에 대해서도 더 생각해 볼 필요가 있다. 예컨대 임신과 관련한 전문 지식은 대부분 전문가들의 전유물과 같아, 임신과 관련한 어떤 검사가 여성들에게 더 필요하고 합당한지를 결정하는 것은 대부분 그 전문가의 손에 달려 있다. 이때 여성 당사자들은 단지 전문가가 제시하는 검사에 수동적으로 응해야 할 뿐 전문인의 원칙이나 입장을 거부하거나 다른 검사를 선택할 여지가 없다. 그러나 전문인들이 필수적이라고 판단한 검사가 당사자 여성에게 반드시 필요한 것이라는 보장은 어디에도 없다. 그중에는 여성들에게 불필요한, 심한 경우 부당하거나 불이익을 가져다주는 조치도 존재한다.

어떤 의료기술에 있어서도 그렇듯이 생식 테크놀로지 분야에서도 검사와 진단 결과의 전모는 전문인들에게 독점된다. 기술을 소유하고 있는 전문가 중 대부분은 검사를 받는 여성들에게 검사 결과를 명확히, 또는 온전히 알려 주지 않는다. 검사받은 여성들이 검사 결과에 대해 얻는 정보는 극히 제한된 것에 그친다. 검사 결과는 전문가들이 진단하고 치료하는 데 필요할 뿐 검사받은 이에게는 불필요하며 어차피 이해할 수도 없을 것이라는 인식에 따라, 자세히 알려 주지 않는 것이다.

난자의 수난: 생식 기술과 젠더

전통 사회에서 결혼하고 아이를 낳는 문제는 부계혈통과 가문에 대한 중시와 같은 맥락에서 강조된다. 이러한 문화 속에서 출산은 여성의 의무로 규정되며, 여성들은 그 임무를 완수하기 위해 강력한 압박을 받는다. 이렇게 전문가들이 검사 결과를 독점하는 현실 상황은 여성의 몸이 전문가에게 전적으로 내맡겨지듯이 진행된다. 예컨대 시험관아기 시술 과정에서 몇 개의 배아를 만들 것인지, 그것을 어떻게 활용할 것인지 등은 당사자인 여성의 의견은 배제된 채 전적으로 전문가의 소견에 따라 결정되는 것이 일반적이다. 의사는 시술의 성공 여부를 최우선적으로 고려해 나름의 합리적 판단을 내리지만, 여성 당사자와 그 가족들에게 이것은 몇 명의 아기가 탄생하게 될 것인가의 문제와 직결되어 있다는 점에서 의사의 고려와는 다른 차원에서 매우 중요한 문제다. 따라서 이들의 의견 또한 결정 과정에 반영됨이 마땅함에도 불구하고, 현실적으로는 아이를 키울 당사자가 아니라 성공률을 우선시하는 전문가가 그 결정권을 쥐고 있다.(조영미, 1994)

이처럼 고도로 발달된 기술의 사용 권한이 전문가에게 전적으로 주어져 있는 상황에서 평범한 여성들이 주체적으로 생식 기술을 이용하는 것은 쉽지 않다. 대부분의 여성들이 생식과 관련한 시술을 주체적으로 선택한다고 생각하고 있지만, 시술 과정에서 야기되는 부작용이 자신의 몸에 얼마나 치명적으로 작용할 것인지 등에 대해서는 명확히 알지 못하거나 설령 안다 해도 그것을 감내하는 쪽으로 문제를 해결하고 있다. 배아와 관련한 권리의 문제를 전문가가 장악하고 있다는 사실, 그리고 그 사실이 얼마나 불합리한 일인지에 대해서 많은 여성들은 생각할 여지가 없다.

21세기 현대 사회를 살아가면서 과학기술을 사용하는 것이 자연스러움을 해치는 일이라고 비판하는 것은 무의미한 일일 것이다. 이미 현대인은 기술이 고도로 발전한 사회에서 그 기술의 힘에 의지하여 사는 것에 익숙해져 있다. 이미 개발된 기술의 힘을 빌리지 않겠다는 것은 어쩌면 또 다른 오만일 수도 있다. 생식 기술을 이용하는 것 또한 그 자체로는 크게 문제될 게 없을 것이다. 문제가 되는 지점은 생식의 테크놀로지가 여전히 남성중심적이고 가부장적인 방식으로 개발되고 사용된다는 데에 있다. 테크놀로지가 아무리 고도로 발전한다 하더라도 임신·출산과 관련한 기존의 의식, 사회적 조건들이 변하지 않는 한 여성들은 결국 출산에 관한 부담이나 억압성으로부터 벗어날 수가 없다.

이렇듯 임신과 출산을 여성의 책임과 의무로 규정하는 압박이 전통 사회에서만 일어나는 건 아니다. 불임의 해결을 여성성과 모성의 완성으로 강조하면서 생식 기술의 개발에 치중하는 일은 임신과 출산을 여성의 임무로 보는 가부장적 이데올로기의 강화와 같은 맥락에 있다. 불임을 넘어서고자 하는 신기술 개발은, 불임을 인간의 한계로 두면서 입양 등의 다른 돌파구를 찾기보다는 그 기술을 이용해서라도 여성성과 모성을 완성해야 한다는 강박관념을 강화하는 방식으로 발전하고 있기 때문이다. 이 과정에서 기술을 사용하지 않는 여성은 게으르거나 이기적인 여성으로 인식되곤 한다. 이처럼 가부장적 의식의 변화가 전제되지 않은 채 발전하는 생식 테크놀로지는, 모든 여성을 임신과 출산의 과정에 참여시키려는 강력한 권고장을 등장시키게 되는 것이다.

출산에 대한 통제가 가부장적이고 남성중심적인 사회 속에서 이루어지는 한 생식과 관련한 기술의 개발과 활용 역시도 여성의 몸과 모성을 가부장제가 원하는 방식으로 재현한다. 이는 생식과 관련한 여성의 역할과 그동안 여성이 제한적으로나마 가지고 있던 권한마저도 축소하는 경향을 띤다. 생식 테크놀로지가 개발되면 될수록 여성들은 기술을 가진 전문가들에게 휘둘리게 되고, 개발된 기술을 이용하면 할수록 임신·출산에 대한 여성의 자기결정권은 더욱더 약화되는 것이다. 이런 가운데 여성이 자율적으로 생식 기술을 선택할 수 있게 되었다는 강조는 사회적 지배와 권위의 체계적 구조를 은폐하게 된다. 이렇게 생식 기술의 개발은 불임 여성에게 새로운 희망을 준 동시에 임신과 출산으로 여성성을 규정하는, 기존의 성차별 이데올로기를 강화하는 결과를 낳고 있다.

어머니 몸과 생식 테크놀로지
전통 태교와 초음파 기술

    소위 뼈대 있는 집안의 몇 대손과 결혼하였다는 후배를 만난 일이 있다. 제법 눈에 띄게 배가 부른 그 후배는 요즘 집안 대대로 내려오는 전통적인 태교를 수행하고 있다며 그 비방을 들려주었다. 토끼고기를 먹으면 태아가 언청이가 되고, 개고기를 먹으면 태아가 어찌어찌 되며, 마늘·율무·비름나물을 먹으면 유산이 될 수 있다는 등의 내용이었다. 좀 엉뚱해 보여서 웃음이 나기도 하고, 요즘 세상에도 그런 미신이 통하나 하는 생각도 들었다. 그 후 얼마쯤 지나 임신한 또 다른 후배를 만났다. 그 후배 역시 태교에 힘쓰고 있다고 했다. 태교 여행, 태교 음악, 태교 미술, 태교 동화, 태교 바느질, 태교 영어, 태교 발레와 요가 등 각종 태교 프로그램에 참여하느라 정신없이 바쁘다고 했다. 남편이 의사인 터라 현대 과학기술 장비를 동원하여 건강관리도 철저히 하고 있으며, 커 가는 아기의 모습을 영상으로 만나는 나날이 즐겁다고 하였다.

　전통 태교, 그것은 우리에게 어떤 의미로 남아 있을까? 태아의 교육 문제까지 여성에게 의무 지운다는 점에서 여성억압적이라고 해야 할까? 그렇다면 첨단 과학기술에 의존하는 현대적 태교는 어떠한가? 일정 수준의 '과학'적인 합리성·자율성이 보장되며, 임신의 전 과정을 여성 스스로 통제한다는 면에서 더 주체적인 행위일까? 한편 태아의 모습을 영상으로 확인할 수 있게 하는 과학 의료 기술은 어떨까? 태아를 눈으로 볼 수 있게 해 출산 과정에 다른 사람도 동참시키는 초음파 기술은 과연 긍정적 기술일까?

구사와 부덕

　'구사'求嗣란 대를 잇는다는 말이다. 전통적인 여성 훈육서에서는 태교 또한 구사, 즉 대 잇기라는 맥락에서 해석된다. 전통 유교 사회에서 중요했던 대 잇기란 바로 훌륭한 자손을 두는 것을 의미하였고, 이는 태아 때부터 교육과 양육이 필요하다는 생각을 낳았다. 고려 말 유교 문화의 보급과 함께 태교가 강조되기 시작한 것이나, 조선 사회에서 특히 태교를 중요시하였던 것이 그 인과관계를 증명한다. 아들을 훌륭하게 키워 낸 신사임당은 조선 사회 내에서도 매우 중요하게 논의되었던 인물로 보인다. 조선 시대 예송의 대표자였던 송시열이 「자운

서원 묘정비」紫雲書院廟庭碑에서 "신사임당이 율곡을 가졌을 때 더욱 예로써 스스로를 지켰으므로 율곡 같은 훌륭한 인재가 나올 수 있었다"(『율곡전서』)고 말한 것이나, 허균이 "율곡의 학문이 사임당의 태교에서 얻은 것이 많다"(『율곡전서』)고 말한 것은 모두 이러한 맥락에서 이해될 수 있다.

이처럼 전통 사회에서 좋은 태교란 결국 어떻게 좋은 아들을 키워 내는가의 문제로 귀결되었는데, 중국 고대에 쓰인 유향의 『열녀전』을 비롯해 많은 규훈서에 보이는 태교에 대한 강조도 모두 대 잇기를 위한 가부장적 권력과 밀접하게 연관되어 있다. 『열녀전』「모의전」에는 태강太姜, 태임太任, 태사太姒 등 주나라 왕실의 세 어머니가 등장한다. 그중 문왕의 어머니인 태임은 특히 태교를 잘했던 여성으로 그려져 있다. 문왕을 가졌을 때 모로 눕지도, 모서리나 자리 끝에 앉지도, 외다리로 서지도, 거친 음식을 먹지도 않았으며, 자른 것이 바르지 않으면 먹지 않고 자리가 바르지 않으면 앉지 않았다는 태임의 태교 이야기는, 이후 많은 여성 규훈서에 인용되면서 태교를 여성의 임무로 강조하는 데 이용되었다. 전통 유교 사회에서의 태교 강조는 임신부 부부와 태아의 관계가 중요시되는 현대 사회의 경우와 달리, 가부장적 가문을 잇는 훌륭한 아이를 생산해야 한다는 맥락과 연관되어 있다. 여기에서 태아나 임신부의 권리 같은 것은 논의되지 않으며 단지 건강하고 성정이 좋은 아기를 생산하는 것, 그로써 대를 이을 훌륭한 인물을 낳는 것이 중요한 문제로 부각된다.

전통 태교의 새 바람, 헌 바람

그러나 전통 사회에서의 태교가 모두 대 잇기의 맥락에서만 논의될 수 있는 것은 아니다. 조선 후기의 여성 이사주당李師朱堂이 지은 『태교신기』胎教新記에서는 더 이상 태교를 '구사'의 의미에서 보지 않으려 하는 태도가 엿보인다. 여성의 임신을 대 잇기라는 가부장적 과제로서가 아니라 순수하게 '아이 낳기'라는 의미로 인식하고자 하고 있는 것이다. 암묵적으로나마 여성을 더 이상 대를 잇기 위한 도구로 보지 않으려는 인식이 거기에 있다. 이러한 인식 속에서는 어머니와 태아의 관계가 매우 긴밀한 것으로 이해되기 때문에 비록 대 잇기의 맥락이 아니더라도 태교를 강조하게 된다. 『태교신기』에서 임신부가 먹어야 할 음식과 먹지 말아야 할 음식을 자세히 소개하는 대목은 어머니의 몸과 태아 사이의 연결성을 보이고자 하는 하나의 예이다.

『태교신기』는 『동의보감』의 의학적 내용을 근거로 하여 임신부가 먹는 음식이 태아에게 어떤 영향을 미치는가를 서술해 임신부와 태아의 관계를 보인다. "당나귀고기나 말고기, 비늘 없는 물고기를 먹으면 해산이 어렵고, 엿기름과 마늘은 태를 삭이고, 토끼고기는 자식이 언청이가 되게 하고, 게는 아기가 옆으로 나오게 하고, 양의 간을 먹으면 아기가 병치레를 잘하고, 생강 싹을 먹으면 육손이가 나온다"와 같은 언급은 비록 현대적 시각에서 볼 때 비과학적이기는 하지만 전통 사회에서 태아를 임신부와 얼마만큼 연관 지어 생각했는지를 보여 준다.

어머니가 어떻게 생각하고 말하는가, 또 어떻게 행동하는가가 그대로 태아에게 전해진다고 여겼을 만큼 전통 사회에서 임신부와 태아는 매우 밀접한 관계로 이해되었다. 따라서 임신부가 된 여성에게는 언행을 삼가서 태아에게 좋은 영향을 미칠 것, 그리하여 태아가 좋은 정서와 감화를 전해 받도록 할 것 등이 강조되었다.

또한 전통 태교에서는 태아의 건강이나 안전을 전적으로 여성의 책임으로 규정하는 동시에 임신의 과정은 임신부와 그 주변의 가족 모두가 함께 겪어야 할 과정으로 인식하기도 했다.

무릇 나무는 가을에 비로소 태가 생기는지라 비록 거칠어도 오히려 곧게 뻗어가는 성품이 있고, 쇠는 봄에 배태되는지라 비록 굳세고 날카로워도 오히려 녹아 엉기는 성품이 있으니, 태라는 것은 성품의 본이요, 그 형상을 한번 이룬 다음에 가르치는 것은 끝이 되느니라. 아이를 임신한 지 세 달이면 형상이 비로소 생기되 무소뿔의 무늬가 보는 대로 변하는 것과 같다. ―『태교신기』

임신한 여성이 처한 심리적·물리적 환경은 태아에게 절대적으로 영향을 미치기에, 임신부가 좋은 환경에 있을 수 있도록 온 가족이 힘써야 했다. 따라서 임신의 전 과정은 임신부 당사자뿐만 아니라 가족 구성원 모두가 항상 언행과 마음가짐을 신중히 해야 하는 과정이었다. 가족 구성원 모두 임신부로 하여금 분한 일, 흉한 일, 난처한 일,

급한 일을 듣게 해서는 안 되는데, 그 이유는 임산부가 성내고, 두려워하고, 근심하고, 놀랄 것을 염려하기 때문이었다. 여기에도 임산부의 감정 상태가 태아의 건강과 밀접하게 연관되어 있다고 생각하는 마음이 담겨 있다.

이처럼 어머니와 태아를 한몸으로 보는 전통 태교 방식은 한편으로는 어머니와 태아가 밀접하게 연결되어 있음을 강조하면서, 태아에게 건강과 좋은 성정을 물려주는 것이 어머니인 여성의 몫이라고 규정한다. 이는 다분히 여성의 몸을 가부장제 유지를 위한 봉사의 도구로 이해하는 전략이며, 따라서 여성의 건강이나 여성의 신체적 자율성을 고려하지 않는 태도로 읽힐 수 있다. 그러나 이는 다른 한편으로 여성이 태아와의 관계에서 그만큼 독점적이고 주체적인 역할을 수행한다는 점을 존중하고 있다고도 이해할 수도 있다.

반갑다, 태아야

현대에는, 전통 사회에서는 상상할 수 없었던 임신 단계에서의 보조 수단이 등장했다. 바로 초음파 기계다. 초음파 기계를 통해 드러나는 태아의 모습은 임신 사실에 대한 확실하고 객관적인 증거다. 처음 초음파 기술이 산부인과에 도입되었을 때에 그 반향은 매우 컸다. 그 이전까지 태아가 어떻게 해서 생겨나는지 명확하게 알 수 없었던, 혹은 태아의 성장 과정을 알 수 없었던 사람들에게 영상으로 보는 태아의 모습은 신기하고 경이로운 것이 아닐 수 없었다. 심장 뛰는 소리도 직접 들을 수 있게 하고 영상을 통해 태아의 모습을 직접 볼 수 있게 함으로써 초음파 기술은 태아의 존재를 보다 확실하게 확인시켜 주었다. 애초에는 군사 기술로 사용되기 위해 고안되었던 초음파 기계가, 이제는 시골의 작은 동네 산부인과에서도 사용하는 지극히 흔하고 평범한 기계가 되었다. 현대 사회에서 초음파 검사를 제외한 임신과 출산 과정은 상상조차 할 수 없을 지경이다.

초음파라는 과학기술의 도입은 태아에 대한 과학적 신뢰감을 부여했음에 틀림없다. 이를 통해 태아의 발육이나 건강 상태, 위치 등을 자세히 알 수 있는 것은 물론이고 태아의 몸무게나 키를 측정할 수도 있기 때문이다. 그뿐만이 아니다. 임산부의 건강 상태를 점검하며 출산 시기와 방법(자연분만, 제왕절개 등)을 미리미리 준비할 수 있도록 해 준다. 특히 아직 별다른 신체적 변화가 감지되지 않는 임신 초기에도 태아를 가시화할 수 있는 이 기술은 높은 객관성과 확실한 신뢰성을 제공한다. 초음파로 그려 낸 태아의 모습을 확인함으로써 여성들은 몸에 대한 새로운 경험을 할 수 있게 되었다. 그 흑백의 영상은 태아가 살아 있다는 것을 직접적으로 느끼게 해 주며, 태아가 성장해 가는 과정에 임신 당사자를 포함한 관계자 모두를 동참시킨다. 이제 초음파 기계 없는 임신 기간은 상상할 수도 없으며, 초음파 기계를 사용할 수 없는 상황이 생긴다면 열 달의 임신 과정은 너무나 따분하고 지루한 시간으로 느껴질 것이다. 임신 기간 내내 태아의 모습, 태아의 건강 등을 확인할 수 없게 되는 것은 현대인에게는 참을 수 없이 답답한 상황인 것이다.

초음파 기계를 통해 태아의 모습을 보는 일은 태아를 느낌으로만 그려 내는 것보다 더 진한 교감을 만들어 낼 수 있다. 사실 눈으로 보이는 일도 믿기 어려운 판에, 보지 않고도 믿기란 시각의 로고스에 심취되어 있는 현대인에게 그리 쉬운 일이 아니다. 이런 의미에서 전통 사회 어머니와 태아 사이의 밀착된 교감에 대한 의문은 현대인에게 어쩌면 당연할 것이다. 기술의 발달과 의식의 변화에 따라 임신은 부덕이라는 여성의 의무적 차원으로보다는 생명의 잉태, 생명과의 교감 등이 구체화되는 속에서 즐거움을 찾아가는 과정으로 인식되게 된 듯하다. 초음파 기술의 개발은 태아와 어머니, 더 나아가 태아와 가족 간의 관계를 돈독하게 만들어 주었다. 태아의 모습이 가시화됨에 따라 태아의 권리에 대해서 언급할 수 있게 되었고, 그에 따라 임신한 여성의 권리 역시도 더욱 심화된 논의 대상이 되었다.

어머니의 느낌 vs. 전문가의 해석

그런데 현실에서 문제는 그렇게 간단하지 않다. 일반인은 초음파 사진에 다가서기 어렵다. 초음파 영상에 나타난 모습 자체만으로는 어디가 태아의 머리이고 심장이며, 어디가 발이고 손인지 각 신체 부위를 알아내기조차 어렵다. 그걸 알기 위해서 일반인은 결국 의사들의 해독에 의지할 수밖에 없다. 전문적인 해독의 기술이 동원되지 않는 한 초음파상으로 보이는 영상 그 자체는 별다른 의미가 없는 흑백 사진일 뿐이다. 이렇게 임신 의료 기술에 의한 부분만이 신뢰받고 전문인의 해독만이 과학적인 것으로서 받아들여지는 분위기 속에서, 여성의 직접적 경험들은 축소·무시된다. 초음파를 통해 보이는 영상만이 정말 살아 있는 생명으로 간주되며 태아와의 교감을 경험할 수 있는 통로가 된다.(서정애, 1997)

  태아를 가시화하는 기술이 개발되기 이전의 전통 사회에서 태아의 상태는 전적으로 어머니의 느낌 혹은 경험에 의지하여 드러났다. 이 때 임신의 여부는 월경의 중단, 입덧, 피곤함, 태동, 어지럼증, 체중 증가 등 여성 당사자가 경험하는 몸의 변화를 통해 추정되곤 하였다. 그리고 이러한 추정은 주위 사람들이 겪은 경험과의 비교를 통해 확인되었다. 그중에서도 태동은 임신했다는 사실을 확실하게 경험하고, 태아가 있음을 몸으로 실감하는 과정이자 증거였다. 태동을 통해 여성은 태아에 대한 애착과 긴밀한 느낌을 보다 확실하게 가질 수 있었던 것이다. 그러나 초음파 기계가 도입되면서 어머니의 이러한 주관적 경험은 더 이상 신뢰를 받지 못하는 것으로 전락한다. 주관적인 경험의 변화무쌍함 또는 비객관성은 불확실한 것, 사적인 것으로 남겨졌고, 대신 초음파라는 기계를 통해서 태아가 가시화되는 조건 아래에서만 객관성이 확보되게 되었다.

임신과 관련한 다양한 기술과 기계가 도입됨에 따라 임신은 과학적 메커니즘 안에 들어올 수 있게 된 한편, 그 안에서만 사실로 인정받게 되었다. 원래 초음파 기계를 통한 진단은 치료를 목적으로 하는 의료 행위이다. 하지만 이제 대부분의 사람들에게 초음파 기술은 태아의 존재를 경험하게 하는 필수적인 과정으로 인식된다. 심지어 임신한 여성들조차도 자신이 스스로 감지하는 느낌보다는 초음파를 통해 보이는 이미지를 보다 확실하고 객관적인 증거로 채택한다고 한다. 전문인이 직접 태아를 살피는 것이 가능하게 되면서 여성의 경험과 느낌을 통한 정보는 큰 의미를 지니지 못하게 된 것이다.(서정애, 1997)

초음파 기계를 통해 볼 수 있게 된 태아의 모습은 종종 인식 속에서 어머니의 몸을 사라지게 만든다. 태아는 어머니의 자궁 안에 들어 있고, 어머니와 태아는 탯줄을 통해 연결되어 있으며, 태아는 탯줄을 통해 어머니의 영양분과 산소를 공급받는다. 하지만 초음파를 통해 드러나는 태아의 모습은 태아와 어머니의 관계를 은폐하고 태아를 독립적인 존재로만 인식하게 만든다. 태아와 어머니의 몸이 맺는 밀착성과 공존성보다는 태아의 전적인 독립성만이 강조된다. 태아를 위한 별도의 보험을 들지 않은 상태에서 상해 혹은 사망 사고가 발생한 경우 태아는 아무런 보험 혜택을 받을 수 없다. 태아는 어머니와는 별도의 독립적인 존재로 이해되기 때문이다. 기술을 통해 태아가 가시화됨에 따라 어머니는 상대적으로 잊혀지고, 태아는 영상물로 대체돼 어머니의 몸에서도 분리된 독립적 존재로서 여겨진다. 초음파 기계를 통해 가시화됨으로써 태아와 어머니의 몸 간 연결성은 끊어지고 그만큼 태아는 자율적인 존재로, 여성의 몸은 태아의 환경, 태아를 담은 장소로서만 여겨진다. 초음파 영상에 찍힌 태아의 모습은 더 이상 어머니의 몸에 붙어 있는 존재가 아니라 독립된 존재로 간주될 뿐이다. 태아를 가시화하는 초음파 기술과 그것을 통해 태아 이미지가 재현되는 속에서 역설적으로 여성의 몸은 지워지고 재생산의 수단적 장소로만 인식되게 된다.(조영미, 1994)

이처럼 태아를 가시화하는 초음파 기술은 의료적 차원에서뿐만 아니라 그것을 넘어선 영역에서도 모성과 태아를 통제한다. 그것은 태아를 독립적 존재로 보이게 하면서 태아에게 인간으로서의 지위를 부여한다. 태아의 생명권을 논의하는 것 자체가 문제시될 수는 없을 것이다. 하지만 태아의 생명권을 논의하는 과정 속에서 어머니의 몸과 권리 등이 지워지고 마는 점, 나아가 태아의 권리와 여성의 권리가 상충하는 방식으로 발전하게 되는 문제적 상황에 대해서 생각해 보아야 할 것이다.

가부장제와 모성
전통 시대 현모, 현대 사회 '뛰모'

강한 자여, 그대 이름은 어머니?

"여자는 약하지만 어머니는 강하다"는 말을 일상에서 흔하게 들을 수 있다. 우리는 어머니의 이미지를 강인함, 희생, 봉사 등의 단어와 연결시켜 이해한다. 자신의 욕망과 권리는 뒤로하고 자식을 위해, 나아가 가족과 가문, 국가를 위해서 희생하는 존재가 이머니이다. 무조건적인 모성애와 강인하고 희생적인 어머니상은 가부장제 사회에서 각광받고 찬양받았으며 미화되어 왔다. 전통 사회에서 출산, 교육, 양육 등의 어머니 역할은 여성이 이루어 내야 할 가장 중요한 임무였으며 여성들은 어머니 되기, 즉 아이 낳고 키우는 일을 가장 큰 소명으로 인식하였다. 출산, 수유, 육아로 이어지는 일련의 보살핌 행위는 어머니의 몸과 긴밀하게 연관되어 있는 것이라 여겨졌기에 그 역할 또한 자연스럽게 여성과 연결되었다. 여성 규훈서에서 현명한 어머니 되기를 강조하는 것은 이 같은 맥락에 있다.

많은 사람들이 이처럼 모성은 가부장제를 공고화하기 위해 동원되는 개념이라 생각하지만, 모성과 가부장제의 관계는 그렇게 단순하지만은 않다. 가부장 체제 안에서 어머니와 자녀의 관계 그 자체가 사회질서나 이념보다 더 중요한 것으로 강조된 일은 없다. 즉 모성에 대한 강조도 '어머니와 자녀'의 직접적이고 친밀한 관계를 위한 것이라기보다는 '어머니와 자녀' 사이의 정서를 체제 유지에 필요한 보편 정서로 확장하기 위한 것이었다. 예컨대 전통 유교 사회에서 자녀 교육에 부지런히 애쓰고 자식의 성공을 바라는 모성상은, 궁극적으로는 가문을 이어가며 죽은 사람을 잘 보내고 살아 있는 사람을 잘 봉양하는 데(『내훈』「모의」)에 목적이 있다. 즉 자녀 보살핌 그 자체가 강조되기보다는 부모 봉양, 손님 접대, 봉제사 잘하기가 더 우선적인 모성의 내용이다.

이렇게 보면 모성과 모성 이데올로기는 가부장제에 봉사하는 이념이면서 동시에 가부장제와 갈등하는 모순 관계에 있다고 말할 수 있다. 가부장제 질서를 공고히 하기 위하여 모성은 강조되다가도 한편으로는 포기해야 할 대상으로 요구되기도 하는 것이다. 전통 사회에서 모성은 자녀와의 친밀한 관계를 중심으로 거론되기보다는, 가족이나 가문에 어떻게 공헌하는가와 연관해서 논의된다.

가부장제와 모성의 이중주

가부장제 아래에서 여성은 남성의 자녀를 잉태하고 대를 이를 아들을 생산하는 자라는 의미에서 중요한 지위를 보장받는다. 출산과 양육을 여성의 본성으로 규정하면서, 그에 수반하는 여러 가지 보살핌의 실천과 심리, 정서를 묶은 결과 거대한 모성 이데올로기가 산출된 것이다. 하지만 가부장제 사회에서는 모성 강조의 목적 자체가 가부장제 옹호와 부계 혈통 강화에 있었으므로, 자녀와 아버지의 관계만이 강조되고, 아이를 낳고 기르는 존재인 어머니의 정체와 권리에 대해서는 축소하거나 은폐하였다. 남성을 씨앗으로, 여성을 밭으로 규정하는 오랜 비유에서도 드러나듯이 임신하고 출산하는 여성을 하나의 수단으로 보면서 철저하게 모성을 무시하기도 했다.

전통 유교 사회에서 행해지던 씨받이 제도가 대표적인 예라 할 수 있다. 씨받이는 가부장의 가계를 잇기 위해 출산이라는 단계까지는 모성을 활용하지만, 자신이 낳은 아이를 남에게 주도록 강요한다는 의미에서 모성에 반하는 제도이기도 하다. 이러한 가운데 여성은 자식의 생산에 있어 언제든 대체 가능한 존재로 이해된다. 가부장제 이념이 우선하는 사회에서 모성 이데올로기는 가부장제를 유지하기 위한 중요한 장치이기는 했지만, 다른 한편으로 가부장제에 걸림돌이 될 수 있는 것이었기에 모성 자체는 곧잘 무시되어야 했던 것이다. 가부장제와 모성이 갈등할 때 가부장제가 더 우선시되었던 예는 『열녀전』의 다양한 이야기들 속에서 발견할 수 있다.

제나라에, 두 아들을 둔 의로운 계모가 있었다. 선왕宣王 시절 어떤 사람이 길에서 싸우다가 죽었다. 관리가 나와서 조사해 보고 그가 누군가에 의하여 피살되었음을 밝혔다. 현장에는 두 형제가 있었다. 관리는 둘 중 누가 죽였는지를 물었다. 형은 "내가 죽였다" 답하고 동생도 "내가 죽였다" 답하였다. 관리는 재상에게 보고하였고, 재상 역시 결정할 수 없어서 왕에게 보고하였다. 왕은 그들의 어머니에게 묻도록 하였고 재상이 어머니를 불러 물었다. 그 어머니가 울면서 "작은아들을 죽이십시오"라고 대답하였다. 재상이 그 말을 듣고 "보통 어린 자식을 더 사랑하는데 작은아들을 죽이고자 하는 까닭이 무엇이오?" 묻자 어머니가 말했다. "작은아들은 제가 낳은 자식이고 큰아들은 전처의 소생입니다. 그들의 아비가 죽으면서 저 아이를 잘 돌봐 달라고 했고 그러겠다고 약속을 했습니다. 그러니 그 부탁을 어찌 저버릴 수 있겠습니까? 형을 죽게 하고 아우를 살게 한다면 이는 사사로운 애정으로 공적인 의무를 버리는 것이 됩니다. 부탁한 말을 배반하고 신의를 저버린다면 죽은 이를 속이는 것입니다. 약속을 지키지 못하며 이미 약속한 것에 신의가 없다면 어떻게 세상을 살 수 있겠습니까? 비록 자식의 일이 가슴 아프지만 의리가 무엇인가를 말하고 싶을 뿐입니다." 왕은 그 어머니의 의리를 훌륭히 여기고 그 행실을 높이 사 둘 다 사면하였다. ─유향. 『열녀전』 「절의」

가부장제 이념과 모성이 상충할 때 자연스러운 모성이 무시되는 상황은 또 다음의 사례들에서도 찾을 수 있다.

열녀 이씨의 이름은 아무개로, 선비 김 아무개의 아내이다. 나이 스물 하나에 남편이 병들어 죽자 바로 머리를 풀고 짚자리를 깔고 방에 틀어 박혀 지냈다. 입관한 뒤에 관에 기대어 곡을 하면서 말했다. "장례가 끝 나면 따라가겠습니다." 달을 넘기면서 임신한 것을 알게 되자 졸곡(삼우 제 뒤에 지내는 제사) 때 곡을 하며 말했다. "홑몸이 아니니 감히 당신의 자 식을 버릴 수 없습니다. 1년 뒤에 따라가겠습니다." 해산을 해서 아들 을 낳았으나 아들로 여기지 않고 여종을 골라 그에게 젖을 먹이게 하였 다. (…) "제가 복이 없어서 남편이 일찍 세상을 떠났으니 아내로서 마 땅히 따라가야 합니다. 어찌 이제 와 저 어린아이로 핑계를 대고 남편 이 제게 말한 것을 감히 지키지 않을 수 있겠습니까?" 아이를 불러 이 마를 세 번 어루만지고 방으로 들어가려 하니 유모와 종들이 그를 엄하 게 지켰다. (…) 여종이 자리를 정돈하고 베개를 편히 하자 손을 바로 해서 배에 얹고 눈을 감고 죽었다. 이 일이 알려지자 정려가 내려졌다.
— 이옥, 「열녀이씨전」

"당신은 이 미망인을 염려하지 마시고 편안히 지하로 돌아가십시오. 저는 당신이 죽으면서 남긴 부탁 때문에 차마 바로 죽지 못합니다. 당 신의 상이 끝날 때까지 기다리면 아이의 나이가 다섯 살이 되고 그때는 아이가 혼자서도 보전할 수 있겠지요. 그날이 되면 당신을 따르겠습니다." (⋯) 탈상이 다가왔는데 딸이 병들어 거의 죽게 되었다. (⋯) 여종을 시켜 딸의 약을 구해 오게 하고는 지니고 있던 남편의 띠로 들보에 목을 매고 죽었다. ─ 황용한, 「열부함양박씨전」

이처럼 전통 사회에서 어머니 역할과 모성은 여성에게 중요한 임무이기는 했지만, 다른 한편으로 가부장제 이념과 질서, 가문의 영화나 존속과 갈등하는 관계이기도 했다. 때문에 전통 사회에서 어머니와 자녀 간의 친밀한 관계나 모성 그 자체보다는 늘 가문의 영화와 존속이 더 소중하게 여겨졌고, 그 때문에 모성은 강조되면서도 동시에 무시되었다. 이와 같이 전통 사회와 현대 사회에서 모성은 비록 다른 방식으로이긴 하지만, 내용적 측면에서는 가부장제에 봉사하면서 다른 한편으로는 가부장제에 도전한다는 점에서 동일한 원리를 시사한다. 그만큼 가부장제와 모성은 화음과 불협화음, 강화와 균열의 이중적 관계를 맺은 채 복잡하게 얽혀 있으며 단순하게 논의될 수 없는 것이다. 가부장제의 존속을 위해서 강조되는 모성은, 한편 그 자체로 부계 혈통의 강화를 위협하는 본질을 가지고 있다.

현대 사회에서의 모성 강조 역시 전통 사회에서와 마찬가지로 이중적으로 나타난다. 출산과 육아에 관한 과학기술의 발달은 출산과 육아로 인한 신체적 부담을 한층 감소시켰다. 특히 출산 자녀수의 감소와 분유의 출현은 어머니 노릇의 내용을 크게 변화시킬 것으로 기대하게 했다. 분유의 출현으로 다른 사람의 손에 의한 양육이 좀 더 손쉬운 일이 되었고, 이에 따라 여성들의 사회적 진출도 증가한 것이 사실이다. 양육 문제에 관한 이러한 혁신은 피임이나 낙태 기술의 발전이 여성의 새로운 정체성을 가능하게 했던 것과 비슷한 효과를 불러왔다.

그러나 분유 수유로 인해 여성이 자녀 양육을 하는 데 드는 시간이 결코 감소한 것은 아니다. 생물학적 어머니가 아닌 사람도 영유아를 돌볼 수 있게 되었지만 자녀 양육이 여전히 여성의 주요한 임무이자 가정 내 어머니의 역할이라는 전제가 무너지지는 않았다. 따라서 영유아 보육이나 학교 교육도 어머니 역할이라는 범주 속에서 이루어지거나 그것을 보충하는 차원에 머문다. 자식에 대한 어머니 노릇의 육체적 연결성은 희미해졌지만, 그럼에도 어머니 역할에 따른 노동 시간은 줄어들지 않고 오히려 증가하게 되었다. 가족 내에서 여성의 경제적·생물학적 역할 비중이 감소한 데 반해 정서적·심리적 어머니 노릇의 역할 비중은 훨씬 더 증가한 것이다. 과학기술이 개발되어 어머니 역할의 대치가 가능해진 상황이 도래하였지만, 어머니와 자녀의 관계는 도리어 대체 불가능한 것으로 강조되면서 어머니의 역할은 그대로 남았고, 오히려 증가하기까지 했다.

자녀 교육에 쏟는 관심 역시 현대 사회에서 모성의 내용을 결정하는 매우 중요한 요건이지만, 바로 이 때문에 모성이 포기되는 결과가 일어나곤 한다. 자녀 교육에 대한 과도한 부담이 출산 자체를 포기하는 저출산으로 이어지는 것이 그 대표적인 예이다. 또한 자녀 교육에 대한 열기가 가족주의와 연결되면서, 직접적인 자녀 보살핌이 극대화된 현대판 모성 이데올로기는 가족의 본래적 의미와 기능, 가치관을 해체하는 기능을 하기도 한다. 현재 한국 사회의 기러기 가족 현상은 자녀 교육 영역에서 나타난 이러한 사례를 보여 주는 단적인 예다.

모성 이데올로기: 현모와 뛰모, 그리고 슈퍼우먼

전통 유교 사회에서 현모의 대명사로 손꼽히는 사람은 맹자 어머니일 것이다. '맹모삼천지교'孟母三遷之教는 맹자 어머니가 맹자의 교육을 위해 세 번 이사했다는 일화를 가리키는 말이다.

맹자 어머니는 무덤 근처로 이사를 했다. 그랬더니 맹자는 장례 치르는 것을 흉내 내었다. 맹자 어머니는 다시 시장 근처로 이사를 하였다. 그랬더니 이번에는 물건 파는 일을 흉내 내었다. 그래서 맹자 어머니는 또 다시 서당 근처로 이사를 하였다. 그제야 비로소 맹자는 글을 읽고 학문에 힘쓰게 되었다. ─ 유향, 「열녀전」

그동안 이 일화는 맹자가 훌륭한 인물이 되는 데에 맹자 어머니의 역할이 지대했음을 보여 주는 예로 회자되어 왔다. 그런데 이상한 점이 있다. 맹자 어머니가 진짜 현명하였다면 처음부터 서당 근처로 이사해야 하지 않았을까? 한 번도 아니고 두 번이나 시행착오를 거친 맹자 어머니가 현명하다고 하는 것은 어쩌면 어불성설이 아닌가? 그래서 어떤 이는 이 일화에 대해 새로운 해석을 시도하기도 한다. 맹자 어머니가 세 번이나 이사를 다닌 것은 시행착오가 아니라 죽음, 삶 그리고 현실적 학문이라는 단계를 거치면서 맹자를 교육하기 위함이었고, 그것이 맹자를 훌륭한 인물로 키울 수 있었던 원동력이 되었다는 것이다. 그러니까 무덤이나 시장 주변으로 이사한 것이 단순한 시행착오가 아니라 맹자 어머니의 교육 프로그램에 따라 미리 계획된 현명한 교육 방법이었다는 것이다.

모성을 생물학적 본능이라 이해하는 바탕에는, 모성이 임신·출산·수유 같은 생물학적 현상과 긴밀하게 연관되어 있다는 생각이 짙게 깔려 있다. 하지만 모성 개념에는 위와 같은 생물학적 행위뿐 아니라 양육과 교육, 돌보기 개념, 이데올로기 등이 포함된다. 즉 거기엔 임신·출산이라는 생물학적 과정뿐만 아니라 양육과 교육 등 식접적인 어머니 노릇에서 요구되는 실천적 행위와 정서까지가 모두 포함되는 것이다. 자녀를 잘 보살피는 것을 여성의 역할이라 규정하고 여성의 정체성은 전적으로 자녀와의 관계를 통해서만 발견된다고 하는 생각이다.

가문을 보존하기 위해 대를 잇는 것이 무엇보다 중시되었던 전통적인 유교 사회에서 자녀 교육은 모성의 중요한 내용이었다. 대부분의 여성 교훈서는 아들 교육은 물론 딸 교육에 대해서도 신경 써야 함을 말하고 있다.

> 어려서 가르치지 못하고 늦게 가르치려 하면 되지 않으니 일찍 가르쳐야 가문을 보존하고 내 몸에 욕이 아니 되느니라. 이런 일은 어미에게 달렸으니 아비에게 책망 말고 자식 뱄을 때도 잡된 음식 먹지 말고 기울어진 자리에 눕지 말고 몸을 단정히 가지면 자식을 낳으매 자연 단정하니라. 자식이 어미 닮은 이 많으니, 열 달을 어미 배 속에 들어 있었으니 어미를 닮고, 10세 전에 어미 말을 들었으니 어미를 또 닮느니 어찌 아니 가르치고 착한 자식이 있으리오. 딸자식도 가르치는 도리는 같으니 대개 남녀를 다부지게 가르쳐야 할 것이며, 행여 병이 날까 하여 놀게 하고 편케 함은 자식을 속이는 행동이니 부디 잘 가르치라. ─송시열, 「우암선생계녀서」

자녀 교육과 관련한 사항은 전통 사회를 넘어 현대 사회까지도 그대로 이어진다. 다만 차이점이 있다면 전통 사회에서의 현모에게 요구되는 것이 덕성·인자함·사랑 등의 덕목이라면, 현대 사회에서는 자녀가 공부를 잘할 수 있도록 하는 물적·심적인 뒷받침이라는 점이다. 가족주의나 과학적 모성주의 등은 자녀에 대한 관심과 열기라는 현대판 모성 이데올로기를 강요한다. 계몽된 육아, 육아의 과학화 등 모성에 대한 과학적 담론은 신문과 여성 잡지 등을 통해 건강·위생·

영양·수유·훈육에 관한 과학적 지식을 생산·배포한다. 이 담론에 의하여 아이들의 교육을 계획하고 관리하는 일은 이제 모성의 핵심 내용이 되었다. 그리하여 이제 어머니라는 존재는 단지 아이를 낳아 키우는 사람이 아니라, 육아에 대한 상업화된 전문 지식의 소비자가 되어야, 즉 육아 관련 정보와 상담을 제공하는 출판물들과 제품들을 선별하고 소비하는 사람이 되어야만 한다. '최고의 내 아이', '똑소리 나는 어머니'를 운운하는 유아용품 광고 카피를 통해 우리는 과학과 자본주의를 결합한 새로운 모성 이데올로기를 만난다.(한국가족문화원, 2005)

이러한 과학적 모성 이데올로기는 여성으로 하여금 누가 더 똑똑한 아이로 자녀를 키우는가와 관련해 경쟁 분위기를 조성함과 동시에, 똑똑한 아이를 키우지 못하는 여성은 모성을 발휘하지 못하는 나쁜 어머니라고 규정한다. 수단과 방법을 가리지 않고서라도 좋은 점수를 받도록 해야 하고 일류 대학에 가도록 뒷받침해야 하며 큰 회사에 취직할 수 있도록 도와줘야 한다. 그 결과 아이의 인성이나 흥미가 고려되기보다는 지식과 점수 위주의 교육이 강조되고 놀이나 활동보다는 문자 학습에 치중한 교육이 중심이 된다. 수험생을 둔 어머니의 일과는 자녀의 일과와 맞물려 있다. 자녀의 하루 일과에 맞춰 함께 뛰는 어머니, '뛰모'라야 모성을 제대로 실현하는 어머니가 된다.(심영희, 1999)

현대판 현모인 '뛰모'는 자녀에 대한 물질적·정서적 지원은 물론

과학적 관리와 지원까지도 해야 한다. 건강에 대한 과학적 관리와 자녀의 실력 쌓기를 위한 과학적 지원은, 현대 사회에서 모성을 제대로 실현하는 데 무엇보다 중요하고 필요한 덕목이다. 따라서 '알파맘', '베타맘' 등의 신조어가 생겨나고, 어떤 유형의 현대판 현모가 될 것인가를 둔 논쟁이 가열되고 있다. 예컨대 아이의 재능을 발굴해서 탄탄한 정보력으로 체계적인 학습을 시키는 유형의 어머니인 알파맘이 될 것인지, 집에서 아이를 직접 가르치거나 다양한 분야의 책을 읽는 것으로 교육을 시키는 베타맘이 될 것인지 등에 대한 구체적 고민은, 현대 사회에 적합한 어머니 역할과 모성 이미지를 둘러싸고 첨예하고도 전형적인 대립을 이루면서 새로운 모성의 모델을 들이댄다.

현대 사회에서 강조되는 새로운 모성의 내용은 전통적인 모성의 전형과 다르다. 모성이 생물학적 본능이라는 믿음에 대한 한계를 인식하고, 이를 통해 어머니로서뿐 아니라 한 인간으로서의 여성이라는 존재를 존중한다. 이처럼 여성들의 자아의식이 높아짐으로써 많은 여성들이 자녀와의 동일시나 자녀 돌봄에서 보람을 찾는 것에서 벗어나 자신의 존재를 의식하게 되었다. 그래서 이제 여성들은 '아무개의 어머니'라는 호칭보다는 자신의 이름으로 불리기를 바란다. 현대 사회에서 '좋은 어머니'란 예전처럼 전적으로 자녀 보살핌에 매달리는 여성이 아니라 자아도 함께 실현해 가는 여성을 말한다. 현대 사회의 많은 여성들은 자녀를 잘 보살피는 어머니와 자아를 실현하는 여성, 이 두 정체성 중 어느 한 가지도 포기할 수 없다고 생각한다. 오히려 이

두 가지 역할을 다 할 수 있을 때 자기 삶의 가치가 높아질 수 있다고 생각한다.

이렇게 자기정체성을 찾는 여성이 증가하고 여성의 자아실현을 높이 평가하는 분위기는 분명 여성의 지위 상승과 긴밀하게 연관되어 있다. 하지만 그러한 현대적 모성에 따라 여성들은 자기정체성 추구와 자녀 보살핌 모두를 완벽하게 소화해 내는 슈퍼우먼이 될 수 없을 때 새로운 죄의식에 시달리게 된다. 더욱이 자녀에 대한 과학적 보살핌에 대한 강조 속에서 자녀를 돌보기 위해 과학적 지식까지도 갖추어야만 하는 현대 사회에서, 좋은 어머니 되기란 어쩌면 전통 사회와 비교해도 더욱더 어려운 일이 되고 있다.(심영희, 1999)

제2장 부언婦言

여성의 말, 여성의 글

'여자들은 전화로 한 시간 이상 통화하고서는 마무리를 "자세한 얘기는 내일 만나서 하자"는 말로 한다'는 우스갯소리가 있다. 여성들의 수다 문화를 표현하는 한 가지 예다. 일반적으로 언어와 여성의 관계는 밀접한 것으로 여겨지는데, 그 관계는 묘하게 얽히면서 충돌한다. 여자아이가 남자아이보다 언어능력이 뛰어나다는 과학적 연구가 있는가 하면, 아홉 시 뉴스의 대표 앵커는 대부분 여성이 아닌 남성인 현실이 있다. '여자 셋이 모이면 접시가 깨진다'는 속담처럼 전통 사회에서 여성은 원래 말이 많은 존재라고 간주되었는가 하면 여자들의 말은 곧잘 쓸데없이 지껄이는 것, 존중될 가치가 없는 것, 무시해도 좋은 것으로 깎아내려졌다. 말이 많은 여성은 덕녀德女 즉 요조숙녀가 아니라 여겨졌다. 말이 많은 것이 여자의 본성이지만 말을 많이 해서는 바람직한 여자가 못 되며, 말을 적게 하는 것이 덕스러운 여성의 임무라고 강조하는 것이다.

　　　이 같은 상황은 현대 사회에서도 흔하게 이어진다. 전화 통화를 길게 하는 여성들은 한심하게 평가되는 동시에 휴대전화 판매 전략에서 무시할 수 없는 주요 고객으로 떠받들어진다. 쓸데없는 수다로 인식되었던 여성적 전화 사용의 상업적 중요성이 인정되면서 전화 광고는 전화를 여성들의 도우미로, 친구로, 주부의 필수품으로 묘사한다. 말을 많이 하지 못하도록 규제하는 전통 사회가 여성억압적이었다면, 이제 여성들의 수다를 드러내 놓고 부추기는 상업주의는 여성해방적일까? 말이 많은 것이 여자들의 본성이지만 덕스러운 여성이 되는 길은 아니라 규정하던 전통 사회의 관념은, 전화 통화를 길게 하는 여성을 수다쟁이로 폄하하면서도 긴 통화로 통신료를 올려 주는 주요 고객으로 모시는 현상과 얼마나 다를까?

여성의 목소리
침묵하는 여성들, 모바일을 탄 여성들

눈멀어 3년, 귀먹어 3년, 벙어리 3년

신부가 시집을 가면 눈멀어 3년이요 귀먹어 3년이요 말 못하여 3년이라 하는데, 눈이 멀었다는 말은 눈으로 보고도 말하지 말라는 말이요, 귀먹었다는 말은 듣고도 들은 체 말라는 말이요, 말 못한다는 말은 긴요하지 않은 말은 하지 말라는 것이다. 말을 삼가는 것이 으뜸가는 행실이다. 말을 삼가지 아니하면 옳은 말이라도 시비와 싸움이 그칠 때가 없을 터인데 하물며 그릇된 말을 하겠느냐? 남의 흉을 말하면 자연히 원망이 생겨나고 싸움이 생겨나고 욕이 생겨나며, 부모나 친척을 짐승처럼 보고 노비와 이웃 사람을 업신여기는 것이 혀를 잘못 놀리는 때문인데, 이는 도리어 내 몸을 해롭게 하는 것이니 그런 애달프고 한심한 일이 어디에 있으랴? 온갖 행실 중에 말을 삼가는 것이 제일 큰 공부니 부디 삼가 뉘우치는 일이 없도록 하여라. ─ 송시열, 「우암선생계녀서」

우암 송시열이 딸을 시집보내면서 지어 주었다는 계녀서戒女書의 내용이다. 전통 사회에서 여성의 말은 불화의 씨앗으로 간주되었기에 말조심은 수백 번 강조하여도 지나치지 않은 것이었다. 이러한 교훈적인 말은 '여자 말은 잘 들어도 패가하고 안 들어도 망신한다', '암탉이 울면 집안이 망한다' 등의 속담과 더불어 전통 사회에서 여성의 말을 어떻게 인식했는가를 보여 주는 전형이다.

이처럼 전통 유교 사회에서 여성의 말하기는 극도로 억제되었고 집안에서조차 자신의 의견을 드러내지 못하도록 금지되었다. 여성이 자기주장을 하는 것 자체가 집안 불목을 가져오고 화근이 되므로 가능한 한 말을 해서는 안 된다고 강조되었다. 어쩔 수 없이 말을 할 때에는 말하기 전에 심사숙고하여 말을 골라서 하고 예의범절에 어긋나지 않도록 해야 하며, 가능한 한 다른 사람과 오해가 생기지 않도록 늘 조심해야 했다. 또한 말을 할 때에는 부드러운 목소리와 억양으로 해야 했다.(『명심보감』「부행」) 또 시부모나 연장자 앞에서 여성은 아는 체하는 것은 물론 말하는 것 자체가 허락되지 않았다. "말을 할 때에는 방 안의 소리가 문밖에서 들리도록 소리를 크게 내어서는 안 되고, 밖의 소리가 안에서 들려서도 안 되며"(『내훈』「언행」) "부인은 말소리가 반드시 가늘어야 하는 것이 예절"(『명심보감』「부행」)이라고 강조되었다.

이 때문에 각종 규훈서에서는 말을 적게 할 것, 말을 할 때는 최대한 온화하게 할 것을 강조하였다. 중국 명나라의 인효문황후가 지은 『내훈』에서는 특별히 「신언」 장을 두어 말을 삼갈 것을 당부한다.

> 하물며 부인의 덕성이 그윽하다면 말을 소중하게 여겨야 한다. 말이 많으면 잃을 것이 많으니 말을 적게 하는 것만 못하다. 그러므로 『서경』에서는 암탉이 새벽에 우는 것을 배척하였고 『시경』에서도 부인의 말이 화를 불러오는 실마리임을 풍자하였고 『예기』에서는 부인의 말이 문지방을 넘는 것을 엄히 경계하였다. 자신을 지키기를 잘하는 사람이라도 반드시 이를 더 신중히 해야 할 것이다. — 인효문황후, 「내훈」

여성의 말에 대한 경계는 남성들이 지은 여성 규훈서에도 빠지지 않고 등장한다. "여자가 입을 다물고 혀를 꽉 묶으면 몸과 마음이 평안하고 시비가 생기지 않고 집안이 화목하다"(『규중요람』)는 이황의 말이나, "겪은 일을 보고 손바닥을 두드리며 발을 굴러 급히 소리를 내어 사람을 놀라게 하고 의혹하게 함은 가장 조심해야 하고 망령된 일이니 하지 말아야 한다"(『사소절』)는 이덕무의 언급은 이를 단적으로 보여 준다.

물론 전통 사회에도 말 잘하는 여성에 대한 찬양과 칭송이 없었던 것은 아니다. 『시경』에는 한 여성이 말을 잘하여 위기를 면하였음을 보여 주는 이야기가 있다.

변씨 여자가 혼자 수레를 타고 가다 정나라 사신을 만났네.

수레가 부딪쳐 사신의 수레 축이 휘어지니 부인에게 화를 내었네.

부인이 억울함을 일일이 열거하는데 모두 다 정당하구나.

정나라 사신이 부끄러워 아무 말도 하지 못했다네.

　－『시경』「정송」

또 『열녀전』의 「변통전」에는 말을 잘하여 화와 벌을 면한 여자들의 이야기가 소개되어 있기도 하다. 예컨대 초나라 강을의 어머니, 조나라 필힐의 어머니, 진나라의 활 만드는 장인의 처, 제나라 연씨의 딸, 아곡의 빨래하는 처녀, 제나라 위왕의 후궁 우희, 제나라의 추녀 종리춘, 제나라 혹부리 여인의 이야기 등이다. 하지만 말 잘하는 여성들에 관한 대부분의 이야기는 가부장제 규범에 순응하거나 남편의 위기를 모면하게 한 경우, 혹은 남성에게 도움을 준 내용으로 제한된다. 그 안에서 여성들의 자연스러운 욕망과 쾌락 등은 찾아볼 수 없다.

　이처럼 전통 시대에서 여성의 말은 평가절하되었고 여성이 말을 많이 하는 것은 엄중히 경계되었으며, 이는 여성으로 하여금 소극적이고 비주체적인 삶을 살도록 했다. 전통 사회에서 여성은 남에게 억울한 꾸지람을 듣더라도 굳이 그것에 변명하지 말고 들을 것을 강요당한다. 남이 나를 꾸짖었는데 만약 내가 잘못한 상황이라면 나를 꾸짖은 사람의 의견이 옳은 것이니 변명할 필요가 없으며, 반대로 내가 잘못하지 않은 상황이라면 그 사람이 그른 것이니 그것을 굳이 밝혀 잘 잘못을 따질 필요가 없다는 것이다. 어떠한 상황에서건 여성은 자기 의견을 주장하지 않는 것이 바람직하고 법도에 맞는 것이 된다.

공적인 집회나 공식적인 자리에서 침묵할 것을 요구당했던 것 또한 언어와 관련하여 여성이 남성에게 지배당하고 있었음을 보여 주는 예다. 전통적으로 여성들은 여성스러운 말씨로 가능한 한 적게 말하고, 여성스러움을 스스로에게 강제하도록 교육받아 왔다. 남성들은 제도와 언어적 실천을 지배함으로써 여성이 공적 자리에서 발언하는 것을 저지하는 명확한 규칙을 제시한다. 그리고 이를 통해서 여성의 언어를 가치 폄하하거나 무시하고자 애쓴다. 이렇듯 전통 유교 사회에서 여성의 말하기는 엄중하게 다스려졌고, 여성들은 규방이라는 사적 공간 안에서 바깥세상과 단절된 채 생활하도록 종용되었다. 이렇게 남성 중심 사회에서 남성의 지배적 위치를 공고히 유지하고 전수하려는 다양한 노력은 여성의 일을 사적이고 주변적인 것으로 만들어 온한편, 여성을 침묵시킴으로써 그 목적을 이루어 왔다.

모바일을 탄 여성들

19세기에 발명된 전화는, 여성들이 담장을 넘어 바깥세상과 소통할 수 있게 하는 대표적인 수단이 되었다. 물론 처음부터 전화가 여성의 전유물로 창안된 것은 아니었다. 애초 전화는 근대적 비즈니스를 위한 도구였지 사적인 의사소통의 도구는 아니었기 때문이다. 20세기 들어서도 전화는 시간을 절약해 줌으로써 사업의 효율성을 높여 주는 기계로 인식되었기에 발명 초기 전화기의 주요 고객은 주로 남성 사업가들이었다. 이러한 상황은 새로운 기술에 관한 사회적 담론들이 언제나 여성을 주변화하고 있다는 것을 보여 주는 사례이다. 여성의 전화 통화는 사소한 것, 비전문적인 것, 소일거리 등으로만 인식되었고, 전화를 통한 사적인 대화 방식은 기술적으로 무지한 행동, 나아가 교양 없는 행동으로 간주되었다.(박창원, 1999)

그러나 여성들은 전화를 자신들의 의사소통 도구로 만들면서 친밀성·사교 중심의 새로운 사회적 문화를 창출하였다. 가정이라는 사적 영역 안에 갇혀 활동이 제한되었던 여성들은 전화를 멀리 사는 친척과 친지, 친우 등 외부 세계와 소통하는 매개체로 적극 활용했다. 애초에 남성 사업가의 전유물처럼 고안된 기기가 여성들의 대화 도구로 인정받게 된 것이다. 이에 따라 전화 회사의 마케팅 전략도 주요 대상을 남성 사업가에서, 주부들을 비롯한 여성들로 전환하기 시작했다. 이제 소비사회는 여성들에게 침묵을 요구하는 것이 아니라 가능한 한 많은 말을 하도록 부추기게 되었다. 여성들은 사적 공간을 벗어나지 않으면서도 외부와 소통할 수 있는 수단을 갖게 되었고 메시지를 만들어 내고 수신할 수 있는 자리를 확보했다. 여성의 전화 이용은 주류 남성과 기술 간의 정형화된 관계에 균열을 일으키는 요인이 되었다. 애초에 전화가 발명되었을 때의 상황과는 달리 여성과 전화의 관계는 점점 더 밀착되었다. 이 같은 전화와 여성의 긴밀한 연관성은 전화 교환수, 비서, 전화 안내원 등의 일이 여성의 일로 간주되는 현상에까지 이른다.(이경숙, 2008)

전화의 등장은 여성들의 개인 의사소통 공간을 물리적으로 대폭 확장시켰고, 이는 휴대전화의 등장을 통해 더욱 가속화되었다. 휴대전화 역시 처음 등장했을 당시에는 유선 전화기 때와 마찬가지로 비즈니스의 주체인 남성과 더 밀접한 것으로 이해되었지만 점차 여성을 주요 고객층으로 인식하고 여성들의 각광을 받기 시작했다. 늘 휴대하고 다니면서 누군가와 관계를 맺을 수 있게 하는 휴대전화는 정서적 소통의 매개체로서의 역할을 하게 되었고, 이는 특히 여성들의 다양한 정서적 경험·욕망과 맞물려 새로운 문화를 창출해 내기도 했다.

휴대전화의 특징인 간편한 휴대성과 이동성은 사적이고 독립적인 커뮤니케이션 공간을 확장하고 이를 통해 여성들의 공간 역시도 확장한다. 휴대전화는 물리적 구속성을 벗어나 장소의 제한을 넘나들게 하고 다른 한편으로는 사회적 상호작용의 공간을 가질 수 있게 함으로써, 공적 공간을 사적 공간으로 변형하는 이중의 작용을 한다. 뿐만 아니라 그 이분법적 경계를 모호하게 만듦으로써 사적 영역에 머물고 있는 이들에게 공간을 확장시켜 주기도 한다. 그리하여 익숙한/낯선 공간, 안정된/불안정한 세계의 이분법을 넘어 이들을 연결하는 매개 기능을 발휘하게 된 여성들은 일상과 순응, 이탈과 저항의 경계를 넘나드는 생활공간을 만들어 내게 되었다.(이동후 외, 2006)

모바일 문화와 서사적 자아

이처럼 여성들은 휴대전화 문화를 일정한 방식으로 장악하고 그 것을 통해 새로운 문화를 창출하는 과정 속에서 하나의 주체로 당당히 선다. 여성은 더 이상 침묵하는 존재가 아니라 자신들의 생활 영역에 서 벌어지는 경험, 사건, 느낌을 이야기하는 담론의 주체가 된다. 말하 기와 듣기의 주체이자 사회적 경험과 담론을 형성하는 서사적 자아를 가진 주체로 떠오른 것이다. 서사적 자아란 화자가 자신에 관한 이야 기를 진술하며 자신의 삶을 전체로서 회고하고 성찰하면서 그 의미를 추구하는 가운데 구성되는 자아를 말한다. 많은 여성들이 휴대전화라 는 기기를 통해서 자기 서사를 구성하게 되는데, 이는 남성중심적 사회 에서 여성이 자기정체성을 형성하는 하나의 방법으로 자리 잡게 된다.

휴대전화는 제한된 공간 안에서 자신이 표현하고자 하는 내용을 전달해야 하므로 단어의 압축이나 새로운 용어의 창출, 이모티콘·이 미지 활용, 구어체 혼합 등을 통해 권위적이고 남성적인 기존의 언어 체계를 넘어서는 새로운 스타일의 글쓰기 혹은 말하기 방식을 구축한 다. 휴대전화를 통한 새로운 대화 방식은 말하기와 글쓰기라는 표현 영역뿐만 아니라 그것을 저장하고 기록하는 영역에도 그대로 적용된 다. 문자 메시지, 음성 메시지, 카카오톡 대화, 갤러리에 저장하는 사 진과 동영상 등을 통해 여성 개개인의 경험은 사적인 공간에 기록되고 보존됨으로써 여성 개인의 서사를 축적해 내며, 이로써 여성들 고유의 문화적 영역을 탄생시킨다. 비록 물리적으로 존재하지 않고 제한된 공간이지만, 모바일 공간을 통해 여성들은 자신 안의 내면화된 분노와 두려움 등 깊은 곳에 자리한 다양한 감정을 스스로 폭로하고 때로 이를 희화화하기도 하며, 타자의 말을 들어 주는 위치에 서기도 하면서 말하기·쓰기·듣기의 주체가 된다.

또한 여성들은 자신의 신체 일부처럼 일상적으로 휴대전화를 사용함으로써 자기 몸을 확장하는 효과를 산출하기도 한다. 여성들은 휴대전화를 통해 친밀한 관계를 유지하고 자유를 누리는 효과를 중요하게 느끼면서, 스스로 미디어 통제권을 가지고 사적·공적 공간의 경계를 조절한다. 이렇게 보면 휴대전화는 단순히 타자와의 접촉을 위한 도구이기만 한 것이 아니라 시공간이 지니는 제한성을 무한히 확장함으로써 자율적으로 스스로의 삶을 관리하고자 하는 욕망을 구현하는 장치라 할 수 있다. 전통적인 시공간의 경계 안에서 강제되던 삶의 규범과 몸의 한계에서 벗어나 자신이 원하는 삶을 스스로 계획하고 만들어 가는 데 일종의 동력으로 작동하는 것이다.(이경숙, 2008)

휴대전화를 통한 문자 메시지는 하이퍼-퍼스널hyper-personal 공간에서의 교섭을 가능하게 한다. 문자 메시지는 즉각성이라는 장점뿐만 아니라 다른 사람을 방해하지 않고서도 자신의 메시지를 상대방에게 전달할 수 있다는 점, 음성 통화의 기능을 효과적으로 대행하면서도 더 개방적이고 표현력 있는 의사소통이 가능한 점, 비용이 저렴하다는 점 등으로 인해 음성 전화의 효율적인 대안으로 자리매김했다.

문자 메시지를 통해 공적 공간에서도 사적인 대화를 나눌 수 있고, 말로 직접 하기 어려운 이야기들을 좀 더 쉽게 전달할 수 있게 됨에 따라 여성이 자신의 목소리를 드러낼 수 있는 공간이 확장된 것이다.

디지털 모바일 테크놀로지 안의 젠더

이처럼 현대 사회에서 여성들은 휴대전화를 통해 자유롭게 이야기하고 새로운 휴대전화 문화를 창조해 낼 수 있게 되었다. 이는 전통시대에 여성들이 가정의 울타리에 갇혀 자신의 목소리를 내지 못한 채 억압당하거나 소외되는 존재였던 것과는 비교되는 상황이다. 현대 소비문화의 맥락에서 디지털 테크놀로지 상품으로서의 휴대전화는 여성들의 정체성을 새롭게 마련해 주고, 더 나아가선 여성을 소비 주체로 만들어 주는 듯하다. 뿐만 아니라 휴대전화를 통한 바깥세상과의 소통은 가정 내 역할에서 해방된 새로운 형태의 여성 주체성을 형성하게끔 하기도 한다.

그러나 현대 사회의 특정한 미디어 환경 안에서 여성들이 겪는 체험들이 진정한 사회적 의미 작용으로 온전히 발현되고 있는가에 대해서는 좀 더 꼼꼼히 생각할 일이다. 일반적으로 여성의 말하기 문화는 디지털 모바일 커뮤니케이션 미디어의 감성적이고 직접적인 특성과 잘 어울리는 것으로 그려진다. 하지만 휴대전화 등을 이용한 디지털 커뮤니케이션은 즉시성과 탈물질성이라는 특성으로 말미암아 한번 발화되면 그 순간 사라지고 만다. 또한 남성중심적 사회에서 젠더화된, 휴대전화 이용에서 수행되는 언어는 여성들로 하여금 기존에 지녀 왔던 젠더 정체성에 머물게 하는 측면도 있다.

여성이 일상생활에서 전화 문화를 주도하게 되었다는 사실은 남성만이 기술의 능동적 이용자라는, 성별과 기술 간의 정형화된 모델에 일부 균열을 가져왔다. 하지만 휴대전화가 사용하기 편리하고 여성과 밀접하다는 사실은 전화가 흔한 기술이라는 인식으로 이어졌고, 일상적인 전화 이용이 여성의 성향을 반영하고 있다는 믿음, 그리고 전화와 관련한 일이 여성의 것이라는 믿음도 퍼뜨렸다. 도구적인 개념으로서의 전화의 의미는 상당 부분 변화되었지만, 전화 혹은 전화 이용과 관련한 담론이 전통적 젠더 질서를 벗어나지는 못하였다. 이 때문에 아직도 남성의 전화 이용은 주로 직장과 같은 공적 공간에서 비즈니스와 관련해 이루어진다고 간주되는 반면에, 여성의 전화 이용은 가족·친척·친구·애인 등 친밀한 관계 내의 사적인 사교를 위한 소비적 행위, 소위 여성의 미덕인 보살핌을 위한 행위라고 이해된다. 즉 전화라는 기술의 이용조차 전통적인 성 역할을 많은 부분 반영하고 있으며, 젠더에 따라 서로 다른 내용 및 공간과 연관시키는 이해가 지배적이라는 것이다.(이경숙, 2008)

이처럼 휴대전화라는 모바일 기술의 발달사는 한편으론 여성들이 고유의 문화를 창출하고 자신의 목소리를 사회적 공간으로 확장하는 매개의 역사인 동시에 여전히 전통적인 여성의 이미지와 긴밀하게 연결되어 있다. 따라서 여성 문화와 휴대전화와의 관계를 이해하고자 할 때, 여성이 목소리를 낼 수 있는 공간을 확보하기 위한 투쟁이나 가부장적 성 역할 규정에 대한 저항 등의 정치적 측면을 간과해서는 안 될 것이다. 비록 여성들이 휴대전화를 통해서 자유롭게 의사소통하고 즐거움을 생산하며 독립적인 공간을 확보하는 것처럼 보여도, 그것이 실제로 여성들 서로가 말할 수 있는 사회적 공간의 확보로 연결되는 것이 아니라면, 그것은 결국 전통적인 여성성이 새로운 테크놀로지 문화와 결합함으로써 오히려 새로운 성별 규정을 산출하는 일에 그칠 뿐이다.

모바일은 슈퍼맘을 싣고

이러한 양상은 전통적 여성상을 대표하는 현모의 구현에 전화 기술이 적극 활용되는 현실에서 단적으로 드러난다. 휴대전화를 통해 시공간의 제약성을 넘어 자유롭게 통화하는 여성의 이미지는, 가정이라는 한정된 공간에서 벗어나 독립적이고 자율적인 삶을 사는 새로운 여성 주체성을 보여 준다. 하지만 동시에 전화를 거는 여성의 자리는 여전히 가정이라는 울타리 속에 존재하며, 그것에 사회적 의미를 확장적으로 부여했을 때도 가족을 위한 서비스와 긴밀하게 연결된다.

휴대전화와 여성의 관계는 종종 휴대전화를 통해 직장 일과 가사를 완벽하게 하는 슈퍼맘의 이미지 등으로 정착되는데, 이는 결국 어머니 역할의 범위를 사적 영역에서 공적 영역으로 확대한 것에 다름 아니다. 여성으로 하여금 가정과 사회 간의 경계를 좀 더 유연하게 넘나들 수 있게 함으로써 오히려 전통적인 성별 분업을 강화하고 재생산하는 셈이다.

특히 어머니 노릇의 성공 여부가 자녀의 대학 입시나 취업 결과로 가늠되는 한국의 교육 문화 속에서 휴대전화는 자녀 돌보기에 적극 이용되고 있다. 과거에 주로 가정 안에서 행해 온 어머니들의 자녀 돌봄 노동은 휴대전화가 보급된 이후 새로운 양태로 변화되어 재생산되고 있다. 자녀들이 학교와 학원 등에서 보내는 시간이 증가함에 따라 어머니들 또한 각종 업무로 집 밖에서 보내는 시간이 많아졌고, 어머니와 자녀들의 공간적인 격리를 해소할 수 있는 수단으로 휴대전화가 적극 활용되게 되었다.(김명혜, 2005)

휴대전화의 등장으로 어머니와 자녀 사이의 관계는 이전보다 훨씬 더 시공간의 제약을 덜 받으며 전천후로 이루어지게 되었다. 휴대전화를 통해 어머니와 자녀들은 항시 연락 가능한 접근성을 확보하게 되었고, 접근이 용이해짐에 따라 어머니는 자녀들의 안전과 소재를 언제 어디서나 확인할 수 있게 되었다. 휴대전화를 통해서 어머니들은 자녀의 안전·소재를 파악하거나 행동을 규제하며, 귀가 문제, 자녀의 식생활 등 소소한 사항들에 대해서까지 시간과 공간을 넘나들며

'어머니'의 돌봄 역할을 수행하게 된다. 또한 휴대전화는 단지 물리적 돌봄 노동뿐만 아니라 정서적 어머니 노릇의 영역까지도 강화했다.(이경숙, 2008) 휴대전화를 통해 어머니와 자녀 간에 주고받는 문자 메시지는 직접적인 대화가 어려운 현실을 극복하는 새로운 방편이다. 이러한 과정 속에서 어머니의 돌봄 노동은 단순히 물리적인 것뿐만 아니라 각종 정서적 지원과 감정 교환, 감정 노동까지 포함하게 되었다. 이처럼 어머니의 돌봄 노동과 역할을 새로운 차원으로 확장하면서 전통적 현모의 형상을 변형 발전시켰다.

여성적 글쓰기
규방의 글쓰기와 사이버 공간 속 글쓰기

끼를 감추기: 글을 불태우다

자신이 쓴 시를 모두 불태우라 했다는 허난설헌許蘭雪軒의 유언은 여성이 글을 쓰는 것에 대해 조선 시대 당시의 평가가 어떠했는지를 보여 주는 단적인 예다. 그 분량이 방 한 칸을 채울 정도로 많았다는 허난설헌의 시는 그의 유언에 따라 모두 불태워졌고, 그중 일부가 동생 허균에 의해 『난설헌집』으로 출간되었다. 이처럼 조선 시대에 여성이 글을 쓰는 것은 바람직한 일이 아니었다. 조선 후기 실학자인 이덕무는 『사소절』에서 선비의 수양뿐 아니라 부녀자의 수양에 대해서도 자세히 언급했는데, 여성의 글쓰기 작업에 대한 그의 견해는 다음과 같았다.

부인은 경서와 역사서, 『논어』, 『시경』, 『소학』, 『여사서』를 대강 읽어 그 뜻을 통하고 여러 집안의 성씨, 조상의 계보, 역대 나라 이름, 성현의 이름자 등을 알아 둘 뿐이요, 허랑하게 시를 지어 외간에 퍼뜨려서는 안 된다.

언문으로 번역한 이야기책을 탐독하여 가사를 방치하거나 여자가 할 일을 게을리해서는 안 된다. 그런데 심지어 돈을 주고 빌려 보는 등 거기에 취미를 붙여 가산을 파탄 내는 자까지 있다. 또 그 내용이 모두 투기하고 음란한 일이므로 부인의 방탕함이 혹 그로부터 연유하기도 하니, 간교한 무리들이 요염하고 괴이한 일을 늘어놓아 선망하는 마음을 충동하는 것이 아닌 줄을 어찌 알겠는가. ─ 이덕무, 「사소절」

이미 지어진 글의 의미를 대강 아는 정도는 괜찮지만 그것을 넘어 자신의 생각을 글로 표현하는 일, 더구나 그것을 외부에까지 드러내는 일은 허용될 수 없다는 것이다. 또 다른 실학자 이익은 글을 쓰는 것은 남자의 일이라고 다음과 같이 딱 잘라 말하기도 했다.

글을 읽고 의리를 강론하는 것은 남자가 할 일이요, 부녀자는 질서에 따라 조석으로 의복, 음식 공양하는 일과 제사와 빈객을 받드는 절차가 있으니 어느 사이에 서적을 읽을 수 있겠는가? 부녀자로서 고금의 역사를 통달하고 예의를 논설하는 자가 있으나 반드시 몸소 실천하지 못하고 폐단만 많은 것을 흔히 볼 수 있다. 우리나라 풍속은 중국과 달라서 무릇 문자의 공부란 힘을 쓰지 않으면 되지 않나니, 부녀자는 처음부터 유의할 것이 아니다. 『소학』과 『내훈』의 등속도 모두 남자가 익힐 일이니 부녀자로서는 묵묵히 연구하여 그 논설만을 알고 일에 따라 훈계할 따름이다. 부녀자가 만약 누에 치고 길쌈하는 일을 소홀히 하고 먼저 시서에 힘쓴다면 어찌 옳겠는가. — 이익, 「성호사설」

또 조선 유학의 거두인 이황 역시도 『규중요람』에서 "여성들은 책을 읽어 역대 나라 이름과 조상의 이름을 아는 것에만 그쳐야 하니 글씨를 빼어나게 쓰거나 시를 아름답게 쓰는 것은 기생의 일이요 양반가 여인이 행할 바가 아니다"라 하였다. 여성이 한문으로 문학 활동을 한다는 것은 사회적으로 허용되지 않는 일이었다. 이처럼 전통 유교 사회에서 여성들의 말과 글은 경계의 대상이었다. 여성은 의식주와 관련한 일에만 힘쓸 뿐 남성의 영역인 글쓰기에 대해서는 관심 갖지 말도록 강요받았고, 여성들의 문자 사용과 글짓기는 철저하게 비판되었다.

규방 속의 글쓰기

이런 생각은 비단 남성들만의 것이 아니었다. 여성들 스스로도 유교적 가부장제의 이념을 내면화함으로써 글쓰기를 남성 영역의 일로 간주하였다. 여성 훈육에 힘썼던 소혜왕후는 『내훈』 「언행」 장에서 송나라 정이천程伊川의 어머니나 후侯부인에 대해 "글을 좋아했으나 문장을 짓지 않았고, 세상의 부녀들이 문장이나 편지를 남에게 전하는 것을 보면 몹시 옳지 않은 일로 여겼다"고 언급하면서 여성의 말과 행실에 제한을 두고 있다.

이런 관습은 전통 유교 사회에서 오랫동안 유지되었다. 조선 후기에는 글을 짓거나 학문에 관심을 갖는 여성들이 대거 등장하였음에도 불구하고 여성들이 학문을 하는 일, 글을 쓰는 일은 여전히 장려할 만한 일로 생각되지 않았다. 여성 글쓰기에 대한 부정적 인식은 단지 여성 규훈서에만 한정되게 나타났던 것이 아니다. 여성들 스스로도 이를 내면화하였다. 예컨대 조선 후기 '여성 선비'로 일컬어진 강정일당姜靜一堂은 남편에게 보낸 편지에서 "저는 재덕이 없어 부끄럽지만 어려서 바느질을 배웠습니다. 참공부에 모름지기 힘쓰시고 먹고 입는 것에 개의치 마소서"(『강정일당유고』)라고 말하면서, 학문은 남성의 일이고 학문하는 남성을 내조하는 것이 여성의 일이라는 규정을 확인한다.

전통 유교 사회에서는 보기 드물게 여성으로서 성리학에 대한 글을 남긴 임윤지당任允摯堂도 "남자 형제들 곁에서 경전과 사서를 읽다가 오빠 임성주로부터 『효경』, 『열녀전』, 『소학』 등을 전해 받아 낮에는 여자가 해야 할 일에 전념하고 밤에는 낮은 소리로 글을 읽었다"(『임윤지당유고』)는 말로 평가의 대상이 되었고, 또 "우리 가문에 시집오신 후로 서적을 가까이 하는 기색이 없었고, 일상의 생활에서도 문장이나 학문에 관해 언급하는 일이 없었다. 오직 부인의 직분에만 힘쓸 뿐이었다. 만년에 늙으신 후에야 비로소 집안일 틈틈이 보자기에 싸 두었던 경전을 펴 놓고 낮은 소리로 몰래 글을 읽으셨다"(『임윤지당유고』 발문)라는 기록도 전해진다. 또한 임윤지당 본인도 "부녀자들이 서적을 탐독하고 문장을 짓는 데 힘쓰는 것은 법도에 크게 어긋난다. 만약 『소학』과 사서 등의 책을 읽고 그것을 심신을 수양하는 자원으로 삼는 정도라면 괜찮다"(『임윤지당유고』)라고 하여 학문과 글쓰기가 여성의 일차적 일이 아니라는 점을 언급했다.

조선 후기에 들어 강정일당, 임윤지당, 김호연재 등의 여성 지식인이 대거 등장하였다는 것은, 조선 유교 사회에서도 지식과 학문에 대한 여성의 탐구가 이루어졌음을 보여 주는 증거이다. 하지만 전통 사회에서 여성들이 글을 읽거나 쓰는 것은 여성에게 부여된 일을 방해하지 않는 범위 내에서만 매우 제한적으로 허용되었다. 여성들이 학문에 관심을 갖는 것 자체를 부정적으로 인식하는 풍조는 많이 약화되었지만, 그 경우에도 남들에게 드러내지 않고 은밀히 글을 읽는 것이 겸양의 미덕으로 이해되었다. 이 때문에 학문에 관심을 가지고 있더라도 그것을 드러내지 말고 숨겨야 했으며, 학문에 정진하기보다는 자신의 학문적 재능을 겉으로 내보이지 않으려 노력하는 것이 여성의 덕목으로 추앙되었다.

'무식한 여자가 덕 있는 여자'(女子無識反是德)라는 유교적 이념이 찬양되었던 전통 사회에서 여성이 글을 쓴다는 것, 특히 자신이 쓴 글을 외부에 발표한다는 것은 있을 수 없는 일이었다. 따라서 아무리 탁월한 글쓰기 능력을 지닌 여성이라도 그 끼를 온전히 드러낼 수 있는 방법은 없었다. 간혹 자신의 끼를 발휘하여 글을 쓰는 여성이 있었지만, 그것이 자랑하거나 장려할 만한 일로 간주되지는 않았다. 앞에서도 언급했듯이, 전통 유교 사회에서 튀는 여자의 대명사였던 허난설헌마저도 죽기 전에 방 한 칸에 가득했던 자신의 작품들을 모두 소각시켰다는 일화는 전통 시대 여성의 글쓰기가 얼마나 부정적으로 인식되었던가를 보여 준다.

여성들의 이야기가 품은 힘

여성의 글쓰기가 자유롭지 않았던 전통 시대, 그럼에도 불구하고 여성들의 이야기는 마르지 않는 샘처럼 끝없이 솟아났다. 물론 규방이라는 여성들만의 한정된 장소에서만 가능한 일이었고, 또 전통 사회 모든 여성이 이야기를 만들어 내거나 글을 쓸 수 있었던 것도 아니었지만 여성들이 만들어 낸 이야기는 다양하고도 힘이 있었다. 대단찮아 보이는 일상의 소소한 것에서도 재미난 이야깃거리를 찾아내고 무생물에게도 생명을 불어넣어 생생한 이야기를 만들어 냈다.

이 바늘은 한낱 작은 물건이나 이렇듯이 슬퍼함은 너와 나의 정회가 남과 다름이라. 오호 통재라, 아깝고 불쌍하다. 너를 얻어 손 가운데 지닌 지 27년이라. 어이 인정이 그렇지 아니하리오. 슬프다. 눈물을 잠깐 거 두고 심신을 겨우 진정하여 너의 행장과 나의 회포를 총총히 적어 영결 하노라. ―「조침문」

연대와 작가를 알 수 없는 조선 시대 작품 「조침문」弔針文 중의 한 대목이다. 늘 함께하던 바늘을 부러뜨린 후 그에 대한 안타까운 심정 을 마치 살아 있는 생명을 잃은 것만큼 생생하게 담고 있다. 이처럼 여 러 여성들이 하찮게 여겨지는 것에서도 무한한 이야기를 쏟아 내고, 생명이 없다고 생각되는 사물도 생명력을 불어넣어 살아 있는 존재로 변화시켰다. 한탄, 고통, 분노, 슬픔, 질투, 아쉬움 등의 감정들 속에서 도 그저 좌절하거나 절망하는 것이 아니라 그것을 통해서 힘을 얻고 긍정적인 에너지로 바꾸어 내었다. 제한된 공간 안에서도 여성들만의 글과 말을 통해 사회와 소통할 수 있는 기회의 장을 만들고자 하였다.

전통 유교 사회에서 규방은 외부와 차단된 공간으로서, 여성들이 가부장제와 공모하면서도 한편으로 그것을 조롱하고 틈을 내는 공간 이기도 했다. 규방은 그 폐쇄성으로 인해 오히려 상대적 자율성을 누 릴 수 있는 여성의 공간이었기 때문이다. 자신들만의 시간이나 공간 을 가지지 못했던 전통 사회 여성들은 규방이라는 공간을 다른 여성들 과 공유하면서 공동의 문화를 만들어 냈고, 그 공간 안에서 생성되고 전달되던 이야기는 커다란 서사적 에너지를 품고 있었다.

규방에서의 서사는 대개 단독으로 이루어지지 않았다. 가부장제 사회에서 여자로 태어난 데 대한 불만과 서러움, 친정에 대한 그리움과 시집살이의 고됨, 아들 못 낳은 여자의 푸념, 남편을 여읜 과부의 슬픔 등 전통 사회에서 여성으로서 느끼는 한을 함께 노래하면서 일상에서 느끼는 정서를 공유하고 연대감을 표하기도 했다. 이러한 가운데 규방 속 여성 문화가 생성되었다. 여성들은 함께 모여 글을 낭독하거나 지으면서 내면적 욕구와 바람을 표출했다. 또 일상생활에서의 작은 체험들을 중시하고, 남성중심적 시각에서는 온전히 드러나지 못했던 여성의 다른 면모들을 발견하기도 했다. 전통 사회에서 여성들이 지은 글들을 통해 우리는 하나의 인격과 개성을 지닌 존재로서의 여성을 만날 수 있다.(신정숙, 1984)

규훈서로 대표되는 남성의 언어를 사용하는 한 여성은 그 언어의 진정한 발화 주체가 될 수 없다. 자신과 자신의 생활 속에서 일어나는 일들을 스스로의 목소리로 말하고 글로 표현하는 과정에서, 여성들은 남성의 보조 역이나 타자가 아닌, 자율적이고 주체적인 존재가 될 수 있었다. 비록 여성의 학문과 글쓰기 작업에 대해 소극적인 발언을 했던 임윤지당이지만, 이로써 그의 내면에는 성인聖人과 자신이 같은 부류임을 강조하는 강한 주체성이 자리할 수 있었다. "성인과 나는 같은 부류이다. 진실로 남이 한 번 힘쓸 때 내가 천 번을 힘써 덕이 기를 이기게 되면, 기의 근본은 나에게서 온전하게 회복되어 성인과 다름이 없게 된다"(『임윤지당유고』)라고 당당히 말할 수 있었던 것이다. 이러한 여성들은 비록 온전히 자신을 드러내는 글을 쓰지는 못하였다 하더라도, 스스로 학문과 지식의 주체가 될 수 있다는 확고한 믿음을 가졌다고 할 수 있다. 학문적인 세계 안에서 그들은 더 이상 가부장제에 의해 위치 지어지는 수동적인 여성이 아니라 스스로를 주체로 만드는 힘을 가진 존재였던 것이다. 그들에게 학문이란 성인을 본받아 바람직한 인간이 되기 위한 노력의 일환이며, 남성들처럼 도덕 주체가 되기 위한 하나의 계기였다.

내 끼를 드러내기, 그러나 나를 가리기

겹겹의 장벽에 둘러싸여 운신이 자유롭지 않았던 시절, 여성들은 글 속에 자신의 욕망을 투사하여 대리 만족을 얻곤 하였다. 예컨대 허난설헌의 작품에는 신선, 궁녀, 기녀, 뱃사공의 아내, 상인의 아내 등 다양한 계급의 여인이 등장한다. 작가는 이러한 주인공들을 통해 자신의 욕망을 투사하고 대리 만족하였던 듯하다. 또 전통 사회의 여성들은 신분을 넘는 애정 관계를 다룬 소설이나 남장을 한 여장군 등이 등장하는 소설을 애독하기도 하였다. 이 역시 당시로서는 실현되리라 상상하기 어려운 것들을 이야기 속 주인공을 통해 대리 만족한, 욕망 표출의 방편으로 보인다.

『배비장전』과 같은 종류의 소설은 주인공을 통해 여성들이 대리 만족을 느낄 수 있었던 전형적인 작품이다. 돈 2천 냥을 꾸어서 평양으로 장삿길을 떠났다가 기생에게 빠져서 돈을 모두 탕진하고 결국 기생집에서 종노릇을 하는 남편을 부인이 남장을 하고 가서 구출해 낸다는 줄거리를 지닌 이 소설은, 언뜻 '여필종부'女必從夫라는 전통 유교 이념에 입각해 있다는 점에서 별로 새로울 게 없어 보인다. 하지만 못난 남편을 현명한 아내가 주체적으로 구원하는 그 내용은 분명 전복적인 측면이 있다. 전통 시대 소설의 주된 독자층이 여성이었다는 점과, 여성들의 흥미를 돋우기 위해서는 당시 여성들이 갈망했던 바를 반영할 수밖에 없었을 것임을 감안하면, 소설의 내용은 곧 여성들의 바람과 꿈이 아니었을까를 역추적해 볼 수 있다.

　허구적인 가공인물을 통해 자신의 욕망을 대리 만족하는 것이 전통 시대 여성들이 택한 글쓰기와 말하기 방식이었다고 한다면, 현대 사회의 사이버 공간에서는 여성들의 욕망이 훨씬 더 실제적인 방식으로 대리 만족되고 있다. 여성들의 욕망은 사이버 공간에서 다양한 표현과 창작 작업을 통해 무한히 증식된다. 자신이 좋아하는 연예인을 멀리서 지켜보기만 하는 것이 아니라 그에게 직접적인 조언을 하기도 하고 좋아한다는 감정을 드러내는 글을 쓰기도 한다. 현대 사회의 사이버 공간 속에서 여성들은 자유롭게 글을 쓰고 그로써 자신의 생각과 감정, 욕망을 드러낸다. 특히 이는 그곳이 자신을 가장하는 것이 가능한 공간이기 때문이다. 자신의 이름이나 나이, 국적, 인종 등은 물론 성별도 감출 수 있다. 남성이 여성으로 행세할 수도 있고 그 반대도 가능하다.

　사이버 공간은 물리적 육체가 사라진 공간이다. 그렇기 때문에 사이버 공간 안에서는 자신의 새로운 신체 이미지를 구상하여 색다른 경험도 해 볼 수 있다. 자기정체성을 다양한 방식으로 재구성하거나 표현하는 것도 가능하다. 사이버 공간 안에서는 성별, 나이, 국적, 인종 등 한 사람의 정체성을 구성하는 모든 요소들을 가장할 수 있다. 여자 교수가 남학생으로 가장할 수도 있고, 20대 남자가 40대 여자 주부로 활동할 수도 있다. 자기의 신분을 노출하지 않을 수 있기 때문에 솔직하고 적극적인 자기표현이 가능하다. 내면에 깊게 자리하고 있는 자신의 욕망을 과감하게 드러내는 발언을 할 수도 있고, 다른 사람 혹은 사회에 대해 신랄한 비판을 가할 수도 있다.(장필화, 2002)

　이렇듯 사이버 공간의 가장 큰 특징은 익명성이 존재한다는 것이다. 익명성은 현실 세계에서의 사회적 맥락으로부터 개인을 자유롭게 해 준다. 이를 통해 창의성, 상상력을 활성화할 수도 있다. 지금 현재 자신이 가지고 있는 조건과 특성을 가장하는 것이 가능하기 때문에 사이버 공간은 전복적 성격을 지니는 장소가 될 수가 있다. 그리하여 사이버 공간 안에서의 자아는 무한히 확장되고 젠더의 문제 역시 그만큼 극복될 가능성을 얻는다. 예컨대 여성이기 때문에 제약받는 조건들을 넘어설 수도 있다.

상상적 글쓰기, 현실 위반의 힘

규방 글쓰기와 사이버 세계 안에서의 상상적 글쓰기는 현실과 멀리 있는 꿈을 표출할 수 있다는 점에서 동일하다. 이미 존재하는 세계가 아니라 있었으면 하는 환상의 세계를 그린다는 점에서 그 둘은 동일하다. 사이버 공간에서 여성들은 자발적이고 지속적으로, 그리고 매우 적극적이고 주체적으로 공간을 확보하고 전유한다. 사이버 공간을 활용한 여성들의 글쓰기는 말하고자 하는 여성들의 자발적 욕망을 담고 있으며, 육체적으로 수행되는 자기성찰적인 담론화 행위이다. 상상적 글쓰기를 통해서 여성들은 스스로 시도하는 자기재현의 방식과 의미를 새겨 보고, 그 안에서 현실 위반의 힘을 창출하는 주체가 되기도 한다.

현대 사회에서 이를 잘 보여 주는 것이 '팬픽션'fan fiction이라는 개념이다. 팬덤fandom, 즉 팬 집단의 생산성을 극명하게 보여 주는 팬픽션은 '팬'fan과 '픽션'fiction의 합성어로 '팬들이 창작한 소설'이라는 뜻을 지녔다. 이는 특정 작품이나 인물 등에 대해 열성적인 관심을 지닌 팬들이 그와 관련한 자신의 창작물을 직접 생산해 타인과 공유하는 것, 단지 수동적인 수용자에 머물지 않고 직접 대상의 재생산에 관여한 결과물이다. 향유 집단이나 소재에 따른 구별이 다양한 팬픽션을 구분하는 중요한 요소이긴 하지만, 여성들이 자발적으로 사이버 공간에 자신들의 목소리로 욕망을 풀어 놓은 것이라는 점에서는 공통된

다.(김민정, 1998)

전통 사회에서 소설 속 주인공에게 자신을 투사함으로써 얻은 전통 여성의 대리 만족이나, 사이버 공간에서 활동하면서 자신이 원하는 대로 만들어 낸 정체성 혹은 인간관계는 일종의 허구이다. 이는 자신의 욕망을 일정 정도 해소하는 하나의 기제가 될 수는 있지만 불만족스런 현실을 변화시키지는 못한다. 하지만 이러한 대리 만족이 그저 현실과는 무관하여 아무런 힘을 갖지 못한다는 이해는 착각이다. 소설 속 주인공을 통한 대리 만족이든 가상현실 속에서의 활동이든 모두 현실이 아닌 공간에서 자신의 욕망을 펼치는 것이긴 하지만, 그것은 현실과 무관한 채로 남아 있는 것이 아니라 때때로 현실을 좌우하는 강력한 힘을 발산하기도 하기 때문이다.

사이버 공간에서 활동하는 많은 여성 팬들은 드라마나 애니메이션 등이 방영되고 있는 과정에 직간접적으로 참여한다. 방송이 종영된 이후에도 드라마 제작과 관련한 에피소드, 시나리오 제안 등에 관해 자기의 의견을 제시하고 영향력을 유지한다. 때때로 그들은 작가가 구상한 작품의 결말이 마음에 들지 않을 때 그 내용을 바꾸기도 할만큼 강력한 힘을 지닌다. 또 스타를 좋아하고 따르는 차원에서 그치는 것이 아니라 자신이 원하는 스타의 모습을 창출하기도 하고 그것을 사이버 공간에서 다른 팬들과 공유하기도 한다. 예컨대 프로그램 진행 사정이 일방적으로 변경될 경우 그것에 항의하기도 하고, 자신이 좋아하는 스타가 카메라에 제대로 잡히지 않을 때 그것을 시정하도록 요청하기도 하며, 기획사의 독단적인 강제 결정에 대해서 반대 운동을 펼치기도 한다. 팬들끼리의 경쟁을 조장하는 응원 구호를 반대하는 등의 다양한 문화 운동을 펼침으로써 매우 적극적인 방식으로 힘을 과시한 경우도 있다.(장필화, 2002)

소설 속의 주인공이 되거나 팬픽션 활동을 하는 동안 여성들은 자신이 좋아하거나 따르는 대상을 통해 현실에서는 가능하지 않은 관계를 상상하기도 한다. 일종의 환상 작용을 통해서 현실에서는 생각할 수 없는 것들을 마치 실재하는 현상처럼 만드는 것이다. 실제 현실에서는 매 맞는 여성이라 할지라도 사이버 공간에서는 다정한 남편이나 애인을 둔 여성이 될 수 있다. 실제로는 존재하지 않는 것을 존재하는 것처럼 만드는 상상에 기반해, 환상은 현실을 탈출했다고 여기게 하는 계기를 만든다. 그래서 환상은 종종 현실을 속이는 것, 현실과의 타협이라는 부정적인 측면을 지니는 것으로 비판된다.

하지만 첨단의 테크놀로지를 통해 만들어진 환상은 여성들만의 것으로 재전유됨으로써 테크놀로지를 이용한 가상현실 속에서 억압적이고 강압적인 현실을 희화화하는 계기가 되었다. 여성들의 규방 속 글쓰기와 사이버 공간 안에서의 글쓰기 작업은 현실 사회와 무관하고 아무런 실제적 힘을 가질 수 없다고 생각되기 쉽지만, 실제로 존재하는 것이 아니기에 오히려 시선의 권력으로부터 그만큼 자유로울 수 있고, 그래서 더욱 강력한 위반의 힘이 될 수도 있다. 소설이나 드라마 세계에 동화되는 상상적 경험을 통해, 내재되어 있는 관심과 욕구를 대리 만족하고 현실에서는 가능하지 않을 어떤 것을 상상해 낼 수 있기 때문이다. 그리고 이로부터 다시 현실에서의 금기를 위반하는 힘을 만들어 내는 데까지 나아가기도 한다.

이처럼 여성들은 자신이 경험할 수 없는 상황이나 역할을 가상현실 속에서 연출하면서 내면의 환상을 즐긴다. 모방과 패러디를 통해서 달콤한 환상을 만들어 내기도 하고, 자신들을 향한 폭력을 언어로 명시화하여 저항의 힘을 산출하기도 한다. 이미 구성된 가부장적 여성 정체성을 여성들 스스로가 가시화하는 놀이들은, 자신들에게 강제로 지워진 가부장제라는 짐의 무게를 가볍게 하거나 과감히 던져 버리는 방식이기도 하다.(김민정, 1998)

이처럼 규방 속의 글쓰기나 사이버 공간 안에서의 상상적 글쓰기는 자신이 처한 현실을 벗어나고자 하는 바람을 드러내는 일이며, 다른 한편으로는 현실 위반의 힘을 만드는 원천이 되기도 한다. 환상과 현실 간의 간극은 여성들에게 모종의 즐거움을 준다. 바흐친M. M. Bakhtin에 의하면 '카니발적인' 요소가 작용하는 것이다. 카니발에서는 일상생활의 구속이 제거되고, 압박받는 사람들이 마음껏 소리칠 수 있으며, 평상시에는 억제되고 부정되었던 쾌락이 허용된다.

이와 마찬가지로 환상은, 현실의 권력을 비틀거나 현실을 전복하는 힘을 과시함으로써 모종의 변혁을 꾀하는 단초가 될 수 있다. 비록 현실적인 것이 아니지만 환상 속에서 자기 내면의 욕망을 충족할 수 있고 사회적·제도적 검열과 처벌로부터도 자유로워질 수 있다. 이렇게 보면 여성들이 만들어 낸 환상은 그저 허구가 아니라, 현실에서 가부장제의 억압을 경험하는 여성이 가부장제가 금기시하는 어떤 것을 욕망할 수 있는 것으로 탈바꿈시키는 기제이기도 하다.

하지만 현실적으로 사이버 공간이 진정 여성이 자유롭게 활동할 수 있는 공간인가에 대해서는 좀 더 생각해 볼 일이다. 왜냐하면 사이버 공간 역시 한편으로는 현실 사회의 확장으로서 가부장적이고 남성 중심적으로 구성되어 있으며, 컴퓨터와 관련한 지식 습득의 기회에서 여성이 배제되는 일도 있기 때문이다. 물리적 몸이 사라지는 공간에서 반드시 젠더의 문제가 사라진다고 말할 수 있을까? 여성들이 여성들의 공간 안에서 행하는 글쓰기는 과연 '여성'을 드러내는 적극적 방편이 될까? 아니면 그와는 정반대로 여성을 지우는 방편에 그치고 마는 것일까? 이러한 의문에 대해서 역시, 함께 논의가 이루어져야 할 것이다.(이선영, 1998; 박성희, 2006)

제3장 부용婦容

권력, 규율, 여성의 몸

몸짓이나 행동, 몸 꾸미기, 몸 수련 등에 관한 규칙은 시대와 문화에 따라서 다르게 나타난다. 이슬람 사회에서처럼 여성들이 머리카락을 가리도록 강요하는 문화가 있는가 하면, 그것이 여성억압적이라고 비판하는 문화도 있다. 전통 유교 사회에서는 덕스러운 여성의 몸짓으로 여겨졌던 것이, 더 이상 바람직한 것으로 받아들여지지 않는 시대도 있다. 그러나 어느 문화나 시대를 막론하고, 여성의 용모에 관한 중요성과 태도에 관한 규칙은 존재해 왔다. 거의 모든 사회에서 여자아이들에게는 용모와 관련한 규범들이 남자아이에게보다 더 많이 주어지고, 외모에 대한 담론도 더 다양하게 나타난다. 여자아이는 남자아이보다 외부의 평가를 더 의식하고 자신의 신체를 장식적인 것으로 보도록 사회화된다.

전통 유교 사회의 여성은 어렸을 때부터 나이가 든 후에까지 행동과 몸짓에 관한 수많은 전통적 메시지나 규칙을 늘 강조받았다. 걸으면서 신발 끄는 소리 내지 않기, 음식 먹으면서 씹는 소리 내지 않기, 바람을 일으키면서 치마폭을 돌려 싸지 않기 등의 규범을 지켜야 덕스러운 것으로 인정받았다. 현대 사회에서도 여성들은 여전히 성 역할 규범에 따르라는 요구를 받는다. 날씬한 몸 관리와 유지에 신경 쓸 것을 권고받기도 하고, 여성에게 걸맞은 몸동작을 익히도록 강요받기도 한다. 뚱뚱한 남성, 못생긴 남성도 환영받지 못하지만, 여성의 체중과 외모는 특별히 인격과 절제력, 정체성의 기준으로 작용하여 여성의 연애, 취업, 결혼, 자존감과 직접적으로 연결된다.

이렇게 볼 때 여성의 몸가짐 하나하나를 훈육하고 관리했던 전통 사회에서만 여성의 몸에 관한 억압성이 있었다고 단정 짓는 건 단순한 논리라 할 수 있다. 현대 사회에서 미용 성형과 몸 관리에 관한 수많은 담론들은 전통 사회에서의 여성 훈육 못지않게 여성들의 몸을 규제하며 이데올로기에 복무하는 측면이 있다. 신체 성형 분야를 비롯한 과학 기술이 고도로 발달한 현대 사회에서 인간의 몸은 이제 더 이상 본질적이고 고정된 것이 아니라 취사선택이 가능한 대상이 되었다. 이러한 속에서 성차에 의한 젠더 문제는 점차 사라지는 것일까? 아니면 다른 방식, 다른 양태로 여전히 남는 것일까?

시공간에서 배제되는 여성의 몸

가마 탄 마님, BMW 타는 사모님

빠름빠름빠름, 남성적 기호로서의 자동차

꽉꽉 막혀 있던 출퇴근 교통 체증이 잠깐 풀린 짬을 경험한 적이 있는가? 언제 또 다시 막힐지 모르는 상황에서 눈앞에 펼쳐져 있는 뻥 뚫린 도로는 기적 같은 일이며, 그래서 사람들은 그동안 교통 체증으로 못 달린 것을 분풀이라도 하듯 재빨리 달아난다. 그런데 이때 달갑지 않은 상황이 생긴다. 모두가 한통속이 되어 불법자가 되려는 때에 '나 홀로 준법자'가 반드시 있기 때문이다. 빠른 것이 미덕이 된 현대 사회에서 규정 속도를 준수하는 사람은 준법자가 아니라 교통의 흐름을 방해하는 '눈치 없는 사람'이다. 과속하는 운전자들의 입맛에 맞게 도로 위의 운전자 모두가 과속의 공범이 되어야 하건만 그렇게 하지 않는 자인 것이다. 이런 사람은 오히려 공모된 편법 속에서 '무법자'이자 '무능력자'가 된다. 무법자로 꼽혀 눈총을 받는 이들은 주로 '여성 운전자'이다. "아줌마가 집에서 밥이나 하지, 차는 왜 끌고 나와?"라는 말은 이러한 맥락에서 운전하는 여성을 폄하하는 전형적인 사례이다.

자동차는 우리 사회에서 남성적 기호로 작용하며, 남성 문화에서 중심적인 위치를 차지하고 있다. 자동차가 뿜어내는 남성적 판타지는 다양한 형태를 취한다. 오토바이는 더욱 강한 남성다움, 육체적 강인함, 질주, 모험 등의 이미지를 갖고 있다. 질주하는 자동차의 속도감은 공격성, 폭력성으로 간주되고 이는 다시 남성성과 연관된다. 영화에서 범인과 경찰차가 쫓고 쫓기는 추격 장면은 남성성을 부각하는 전형적인 표현 기법이다. 1990년대 초기 여성의 주체성을 다루었던 영화 〈델마와 루이스〉에서도 자동차는 남성성의 기표로 작용한다. 단순하고 평범한 주말여행을 꾀했지만 뜻하지 않은 사고에 휘말리는 두 여성 델마와 루이스는 애초의 계획과는 아주 달리 다시는 돌아올 수 없는 여행을 하게 된다. 어쩔 수 없는 난처한 상황들을 맞으면서 그들은 하나하나 여성성을 지워 나가는데, 이때 '과속'은 여성성을 지우는 대표적인 상징이다. 기나긴 자동차 도로를 따라 탈출하는 모습은 해방의 이미지를 담고 있다.

자동차를 직접 모는 것에는 모종의 쾌감이 있다. 스스로 기계덩이를 움직여 어디론가 향해 갈 수 있다는 데에서 오는 쾌감일 것이다. 타자와 얼굴을 직접 마주하지 않은 채로, 내 안에 숨겨진 공격성을 절제하여 표현할 수 있다는 쾌감도 무시할 수 없다. 자동차를 직접 운전하고 있는 사람은 그런 의미에서 모종의 주체성을 확보한다고 할 수 있다. '활동성'을 담보하는 '탈것'과 여성의 관계는 어떤 변화를 거쳐 왔는가? 전통 사회에서 자유롭게 말타기를 하던 여성들부터 그것을 금지당한 여성들까지, 그리고 스스로 자동차를 몰 수 있게 된 여성들 사이에는 어떤 차이와 구분이 있는 것일까?

걷지도, 말을 타지도, 평교자를 타지도 말라!
: 공간적 배제, 그러나 일종의 특권

전통 유교 사회에서 남녀는 내외법에 따라 공간을 다르게 부여받는다. 즉 '남자는 밖, 여자는 안'으로 갈라져 배치된다. 내외법에 근거한 공간의 분리는 전통 가옥 구조에 잘 드러나 있다. 특히 여성의 공간으로 자리했던 안방과 부엌은 건축물에 적용된 내외법을 잘 보여 준다. 남녀 내외법 규정이 구체화되어 있는 『예기』에서 남녀의 공간은 다음과 같이 구분된다.

예는 부부 사이를 삼가는 데서부터 시작한다. 집을 짓되 안과 밖을 구분하여 남자는 밖에 거처하고 여자는 안에 거처한다. ─『예기』

남자는 안의 일을 말하지 않으며 여자는 밖의 일을 말하지 않는다. 제례와 상례가 아니면 그릇을 주고받지 않는다. 서로 주고받을 때에는 여자가 광주리를 가지고 받는다. 광주리가 없으면 모두 꿇어앉아서 그릇을 놓고 받는다. 남녀는 우물을 함께 쓰지 않고 욕실을 함께 쓰지 않으며 침석을 서로 통하지 않고 빌리는 것을 통하지 않으며 의상을 통하지 않는다. 안의 말이 밖에 나가지 않게 하며 밖의 말이 안으로 들어가지 않게 한다. ─『예기』

그리고 전통 유교 사회에서 여성의 교육은 이러한 내외법에 근거하여 가정 내에서 이루어졌다.

여자는 10세가 되면 밖에 나가지 않으며 가정에서 교육한다. 용모를 유순하게 하며 어른의 말에 복종할 것을 가르친다. 삼과 모시로 길쌈을 하고 누에고치로 실을 뽑으며 비단을 짜고 실을 만들어 여자의 일을 배운다. 이리하여 의복을 제공하고 제사에 참관하여 술, 초, 대나무 제기, 장아찌, 젓갈을 올려서 제사하는 예를 돕게 한다. 15세가 되거든 비녀를 꽂고 20세가 되면 시집을 간다. 연고가 있으면 23세에 시집간다. 빙례聘禮를 갖추면 본처가 되고, 예를 갖추지 않고 그냥 가면 첩이 된다. ─『예기』

남녀의 공간 역시 내외법에 의거하여 정해졌다. 따라서 "예에 따르면 부인은 낮에 뜰에서 놀지 않고 까닭 없이 중문에 나오지 않으니 이는 부인의 도로 삼가야 하기 때문"(『세종실록』)이라거나 "부인은 형제를 볼 적에도 문지방을 넘지 않는 것이 예"(『성종실록』)였다. 여성이 안에 거처해야 하는 이유는 간단하다. 여성은 몸단속이 필요한 존재들이고 그렇기 때문에 밖으로 함부로 나다니게 할 수 없다는 것이다.

그러나 이러한 내외법에 근거한 공간의 배치가 모든 여성에게 권장되었던 것은 아니다. 얼굴과 몸을 드러내지 않을 의무가 있었던 대상은 양반 여성이었으며, 서민 여성의 경우에는 자유롭게 거리를 나다니는 것이 허용되었다. "부인은 밖에서는 일이 없고 오직 음식 마련하는 일을 주관할 뿐인데, 사대부의 부인도 가마나 말을 타지 않고 길에 도보로 다니니 부인의 의를 잃었습니다. 이제부터는 부모와 서로 만나 보는 일 외에는 출입을 하지 말고 또한 마을 거리에 도보로 다니지 못하게 하여 풍속을 바로잡고, 어기는 자는 헌사憲司에서 살펴 처리하게 하소서"(『태종실록』)라는 기사는 이 같은 상황을 잘 보여 준다.

전통 유교 사회에서 양반 여성들은 바깥출입을 할 때에 사방이 막힌 가마를 탔고, 경제적 사정이 여의치 못해 가마를 못 탈 경우에는 너울을 썼다고 전해진다. 내외 구분법이 명확했던 조선 사회에서 양반 규수들은 외부 사람들에게 얼굴을 드러낼 수 없었던 것이다. 태종 때 양반 여성들의 외출에 대한 규제가 논의되기 시작한 이후 세종, 성종 대에 이르러 유교적 규범이 강화되면서 여성들의 문밖 출입에 대한 단속이 점차 엄격해졌다. 이런 상황 속에서 조선 시대 양반 여성들은 자유롭게 길을 걷거나 말을 탈 수 없었다. "모든 부녀들은 특별 지시에 따라 지붕이 달린 가마를 탄 경우 외에는 대궐문에 말을 타고 출입하는 것을 일절 금한다"(『세종실록』)거나 "사대부의 부인이 말을 달려 부딪쳐서 하류 계급의 부녀와 다름이 없으니 참으로 옳지 못하다"(『세종실록』)고 하는 기록은 조선 시대 여성들에게 말 타는 것이 허용되지 않았음을 보여 주는 증거이다.

길을 걷는 것도 말을 타는 것도 허용하지 않았다면 여성들은 어떤 방법으로 외출을 했을까? 조선 초기의 기록들에 의하면 여성들은 사방이 모두 뚫린 평교자를 탔다고 한다. 하지만 점차 평교자를 타는 것도 허용되지 않았다. 그 이유는 간단하다. 여성들이 자유롭게 길을 나다니거나 사방이 뚫려 있는 평교자를 타게 되면 어쩔 수 없이 바깥 사람들에게 얼굴과 몸을 드러내야 하기 때문이다. 어디 그뿐인가? 사방이 뚫린 가마를 타게 되면 가마를 부축하는 종들과 옷깃이 닿거나 몸이 닿는 일까지 생기게 되고, 그로 인해 그들과 흉허물이 없게 되기 때문에, 여성이 평교자를 타는 일은 점점 하나의 금기가 되었다. 그에 비해 서민 여성은 상대적으로 길거리를 나다니는 것이 자유로웠다. 대신 그들은 가마를 탈 수 없었다. 여성들 중에서도 양반 여성만이 가마를 탈 수 있었고, 그것은 내외법이 적용되는 여성이란 양반 계급에 한정된 것이었음을 보여 준다. '가마'라는 탈것은 내외법에 의거한, 여성억압적인 것이었던 동시에 여성 안에서는 다시 계층을 가르는 기준이 되었다.

옥교자, 아무나 타나?

자유롭게 길을 걷는 것도 말을 타는 것도 평교자를 타는 것도 허용되지 않았던 대신, 양반 여성들이 탈 수 있었던 교통수단은 지붕이 달린 옥교자였다. 다른 사람에게 얼굴과 몸을 드러내지 않을 것이 요구되는 상황에서 마땅한 귀결이었다. 옥교자를 타는 것이 양반 여성들이 마땅히 지켜야 할 법도가 된 이상, 옥교자를 탈 수 없는 것, 즉 법도를 지킬 수 없다는 것은 마땅히 부끄러운 일이 되었을 것이다. 유교적 여성이 되기 위하여 유교적 법도가 제시하는 바를 따르는 것은 당연한 일이었기 때문이다. 그런데 옥교자를 둘러싼 문제는 단순히 내외법 차원에서 끝나지 않았다.

옥교자는 고가의 물건이었기 때문에 양반 여성이라고 해도 누구나 탈 수 있는 것은 아니었다. 따라서 조선 중기 양반 여성들 중에는 경제적 사정이 여의치 못해 옥교자를 탈 수 없는 상황을 부끄러운 일로 여겨 외출을 스스로 삼가는 일까지 생겨났다. 옥교자는 이런 과정에서 애초에 남성 권력이 기획했던 바처럼 여성들의 조신함을 지켜줄 수 있는 물건에 그치지 않고, 차츰 사치스러움의 의미로 상징화되었다. "사치스러운 풍속이 지금과 같은 때는 없습니다. 음식과 의복을 남과 같이 못함을 부끄럽게 여기고, 재상이나 사대부 집의 부녀는 모피옷 비단옷이 없거나 지붕 있는 가마가 없으면 수치스러워 출행을 하지 못합니다"(『중종실록』)와 같은 기록은 당시의 사회적 풍조를 잘 드러내 준다. '사치스럽다'는 말은 '평범하거나 흔치 않은 것을 소유하였다'는 말로 바꾸어 말할 수 있을 것이다. 만약 누구나 다 명품백을 들 수 있다면 그것은 더 이상 사치품이라고 불리지 않을 것이다. 사치품이란 누구나 가질 수 있는 것이 아닌, 즉 일상의 필수품이 아닌 것을 이르는 말이기 때문이다. 옥교자가 사치의 상징물이었다는 것은 당시에 옥교자가 누구나 다 탈 수 있는 평범한 탈것은 아니었음을 의미한다.

자본이 아니라 도덕성이 강조되었던 유교 사회에서 부와 권력은 군자가 되는 길과 멀다. 이러한 상황 속에서 유교적 규범은 여성들의 몸단속과 더불어 여성들이 지켜야 할 덕목 중의 하나로 근검절약을 강조했다. 조선 중기에 이르면 사대부들은 옥교자 타는 일을 내외법에 의거한 몸단속의 문제로서보다는 근검절약에 관한 훈육의 내용으로 전환하여야 했다. 이로 인해 "사치스러워지는 것을 경계하려면 먼저 검소하고 절약해야 한다. 담백하고 소박하면 선한 본성을 기를 수 있고 사치하고 낭비하면 덕을 해치게 된다"(『내훈』) 등의 조항이 여성 훈육의 중요한 내용의 하나로 자리 잡게 된다. 본래는 여성들을 공적 공간으로부터 격리시키고자 하여 도입된 옥교자는 이렇게 엉뚱하게도 여성들의 사치와 연결되면서 또 다른 사회 문제를 일으키게 되었다. 조선의 남성 유학자들은 옥교자를 타는 문제를 내외법의 차원이 아니라 사치의 문제로 전환하면서 새로운 훈육의 내용으로 삼았다.

이렇게 보면 여성의 몸이 드러나는 것을 삼가야 한다거나 옥교자를 타야 한다고 하는 규범은 단지 억압이었을 뿐만 아니라 동시에 조선 시대 상류층 여성들만이 누렸던 특권이기도 했다고 해야 합당할 듯하다. 현대 사회에서 몸을 드러낼 수 없다는 제약은 분명 큰 억압이다. 하지만 전통 유교 사회에서 그것은 모종의 권력이며 특권과 연결되어 있었다. 외적 공간과의 단절은 여성을 보호하는 하나의 정책이었다. 여성억압적임이 분명한 그것이 다른 한편 매우 역설적이게도 하나의 특권이었던 것이다. 여성을 외적 공간으로부터 배제한 그 상황은 억압성과 특권성을 동시에 지녔다.

시간은 금이다, 아니 돈이다

졸업 선물, 입학 선물로 손목시계가 유행하던 시절이 있었다. 응접실에 놓여 있는 고급 괘종시계, 정각이 될 때마다 뻐꾸기 울음소리를 내는 일명 뻐꾸기시계도 당시에는 부잣집의 상징물이었다. 그만큼 시계가 흔하지 않았다는 말일 것이다. 요즘은 손목시계가 초등학교 입학 선물로도 선호되지 않는 물건이 되어 버렸으니 호랑이 담배 피우던 시절의 이야기일 뿐이다. 머리를 들고 눈을 한번 돌릴 때마다 시계는 도처에 있다. 손목시계, 벽시계, 건물의 전광판, 시계탑……. 자동차, 휴대전화, 컴퓨터 등에도 어김없이 디지털시계가 내장되어 있어 정확한 시간을 알려 준다. 어디 그뿐인가? 전철역에서는 전광판으로 전 역의 전철이 출발했는지, 연착할지 여부를 알려 준다. 버스 정류장에 설치된 문자판은 몇 번 차량이 어느 정거장을 출발했고 몇 분 후에 몇 번째로 도착할 것인지도 자세하게 알려 준다. 시간을 알려 주는 기계는 이제 기계 축에도 못 들 정도이다.

시계가 처음 발명되었을 무렵, 사람들은 시계라는 기계를 선호하지 않았다고 한다. 프랑스 사람들은 크리스털로 만든 고급 시계를 보고서도 이상하고 촌스럽다고 여겼으며, 시계를 몸에 차는 일은 우스꽝스러운 일로 생각했다. '시간 엄수'를 뜻하는 말(ponctualité)이 처음 사전에 실렸을 때도 그것은 '엄격한 성격'이라는 의미의, 약간의 부정적 뉘앙스를 풍기는 단어였다. 하지만 산업혁명 이후 그 의미는 크게 바뀐다. 시간을 잘 활용하는 것은 부자가 될 수 있는 지름길이자 삶의 질을 높이는 수단이었으며, 고급 시계는 부의 상징물로 간주되었다. 이 같은 맥락에서 지각, 약속을 안 지키는 것, 시간을 소중히 여기지 않는 것 등은 비도덕적인 행위로까지 이해되었다. 때문에 회사에 지각한 사람에게는 임금을 깎는다는 광고가 실릴 지경이었다.

자본주의 사회에서 빠른 속도는 하나의 자본과 같다. 정보를 확보하는 시간, 공간 이동을 하는 시간이 어느 정도냐에 따라 자본 생성의 양이 크게 달라질 수 있기 때문이다. 한 달 걸려야 정보를 얻어 낼 수 있는 사람과, 단 몇 시간 만에 중요한 정보를 얻어 낼 수 있는 사람이 만들어 낼 수 있는 자본의 크기는 매우 다를 것이다. 서울에서 부산까지 몇 달씩 걸리는 시대와, 한두 시간 만에 부산에 도착할 수 있는 시대의 자본 규모 역시 엄청난 차이가 있다. 이런 시대에 시간을 잘 지키지 않는 사람은 종종 남을 배려하지 않는 사람, 남에게 폐를 끼치는 사람으로 간주된다. 그만큼 현대인에게 시간과 신속함은 중요해졌고 생활의 일부가 된 것이다.

빨라야 안심하는 사람들

KTX를 타고 여행해 보면, 그 속도가 실로 가공할 정도다. 움직이기 시작했다고 느낀 지 얼마 후, '고속 철도니까 시속 100킬로미터는 넘었겠지?' 하는 의문을 가져 볼 즈음, 스크린에 뜬 KTX의 속도는 이미 시속 200킬로미터를 훌쩍 넘어서 있다. 그 빠른 속도도 놀랍지만, 더 놀라운 것은 그 빠름을 다 드러내지 않고 오히려 속도를 감추는 방식이다. 거의 정지되어 있는 것처럼 느껴지는 속에서 고속열차는 빠르게 질주한다. 그런데 이렇게 빠름을 자랑하는 KTX는 창밖의 풍경을 만끽하며 여행할 수 있는 즐거움까지 선사하지는 않는다. 창밖으로 보이는 것은 예전에 완행열차를 타고 가면서 즐기던 아름다운 풍경이 아니다. 그저 휙 지나가는 하나의 이미지일 뿐이다. 빠르게 지나가는 열차 속에서 산의 푸름이나 들녘의 고즈넉함, 농가의 모습을 즐길 시간은 주어지지 않는다. 가속도 때문에 차창 밖의 풍경들은 뭉개져 추상화처럼 비쳐 보인다. 그렇다고 해서 현대인들이 KTX의 그 빠른 속도를 거부하거나 꺼리지는 않는다. 시간의 중요성을 강조하는 현대 사회에서 빠른 속도는 오히려 무엇보다도 우선될 만한 것이기에 많은 이들은 여전히 KTX를 선호한다. 속도라는 측면만 본다면 비행기에 맞먹을 수준은 아니지만, 시내에서 멀리 떨어진 공항까지 가야 하는 시간을 감안한다면 KTX를 선택하는 것은 시간을 줄이는 좋은 방법이기 때문이다.

모두가 바삐 걷는 길에서 혼자 느긋하게 걷는 일은 옆 사람을 불편하게 하는 "배려 없는 짓"이다. 보행자의 90퍼센트가 보도에서 늦게 걷는 사람 때문에 분노를 느낀 경험이 있다거나, 에스컬레이터에서 꾸물대다가 총 맞은 사람이 있었다는 보도들은 그만큼 이 사회의 현대인이 빨리빨리 문화에 익숙해져 있다는 것을 드러낸다. 언제부터인가 우리는 에스컬레이터를 탈 때도 걷는 급행 팀과 기계가 올려다 줄 때까지 제자리에 서 있는 완행 팀을 나누게 되었다. 이러한 현대인의 심리에는 빨리 걷는 사람을 나무라는 마음보다는 한가한 사람들 때문에 바쁜 사람이 시간을 뺏길 수도 있다는 우려가 짙게 깔려 있다.

지금은 웰빙푸드의 바람으로 한풀 꺾였지만 한때 패스트푸드가 유행하던 시절이 있었다. 패스트푸드점에서 음식을 사서 바쁘게 식사하면서 아주 많은 양의 일을 척척 소화해 내는 것은 유능함으로 여겨졌다. '바쁘다'는 말은 계급을 나타내는 상징이자 유행과 현대성의 상징으로 여겨졌다. 점심식사 후 커피가 담긴 종이컵을 들고 빠른 걸음으로 사무실을 향해 들어가는 사람도 선망의 대상이 되었다. 이러한 가운데 '빠름'(speed)은 '능력 있음'을 나타내는 말로, '느림'(slow)은 '게으름'의 의미를 지니는 단어로 풀이되었다. 차 마실 시간이 없을 정도로 바쁘다는 말은 그만큼 그 사람이 중요하고 성공했다는 표현이 된다. 시간을 엄수한다는 것은 현대인의 필수적인 덕목이 되었으며, 시간을 지키지 못하는 사람은 남에게 폐를 끼치고 배려할 줄 모르는 사람으로 낙인찍힌다.

BMW 타는 사모님

이렇게 빠름이 미덕으로 간주되는 현대인의 의식 속에서 속도는 긍정적인 의미를 지니는 개념으로 이해된다. 물론 속도 그 자체는 단지 물리적 개념이자 현상일 뿐, 거기에 특별한 의미는 없다. 하지만 속도가 담론과 만나는 순간 그것은 더 이상 물리적 개념이자 현상에 머물지 않고 사회적·정치적 의미를 지니게 된다. 자동차를 그저 교통수단이라고 보면 자동차는 내가 직접 걷는 수고를 덜어 주거나 좀 더 빠르게 나를 이동시켜 주는 역할을 해 내는 것으로 충분하다. 하지만 현대인에게 자동차는 단순한 교통수단을 넘어 자신의 지위를 드러내는 하나의 상징물이다. 그렇기 때문에 많은 사람들이 국산 보급형 승용차 가격의 몇 배나 되는 고가 자동차에 매료된다.

예컨대 BMW를 타고자 하는 사람들은 단지 그것이 비싸다는 이유에서 선호하는 것이 아니다. 시간을 하나의 자본으로 간주하는 현대인에게 BMW는 속도 혹은 그 속도의 아이콘을 소유할 수 있게 해주기 때문에 더 선호되는 것이다. 사실 시속 200킬로미터의 속도를 내는 차가 한국에서 현실적으로 필요하지는 않다. 왜냐하면 자동차의 그런 역량을 과시할 만한 도로가 아직 없기 때문이다. 그렇게 달렸다가는 속도위반 딱지를 떼는 것은 물론 대형 사고를 유발할 위험을 부담하게 된다. 그런데도 많은 사람들은 여전히 고급 외제차, 스포츠카의 속도에 열광하고 그것을 선망한다. 빠른 기계를 소유하였다는 건 남들이 가지지 못한 잠재적 자본을 소유하였다는 표식, 일종의 권력 장치이기 때문이다.

이렇게 보면 인간의 속도 감각은 속도 그 자체가 아니라 속도에 부여된 가치에 따라 달라진다고 할 수 있다. 이는 또 그러한 가치의 추구가 삶에 밀접한 영향을 미친다고 보는 패러다임 속에서 만들어진다. 시간이 자본으로 여겨지는 속에서 효율, 능률 등과 연결되는 '빠름'은 긍정적인 가치를 부여받고, 나아가 남성성의 상징으로 이해된다. 이러한 가운데 여성과 속도, 자본이 연결되는 지점은 희미해진다. 일반적으로 속도, 빠름은 남성에게 어울리는 것이라고 여겨진다. 그렇기 때문에 여성은 자본, 효율, 경제적 가치 등 자본주의 사회가 표방하는 것들에서 소외된다. 자본주의 사회에서, 여성들은 직접적으로 자본을 소유하는 것이 아니라 잠정적인 자본, 유사 자본만을 소유하는 데 그친다. 더구나 이조차도 자본과 권력을 가진 남성을 배후에 두어야 손에 넣을 수 있다. 여성과 자본의 연결은 대체로 아버지나 남편이 가진 자본의 양도나 상속이라는 방식을 통해 이루어진다. 이러한 구조 안에서 여성들은 자본과 가부장제에 의해 이중으로 억압받는다.

　말을 탈 수도, 걸을 수도, 사방이 뚫린 가마를 탈 수도 없었던 전통 사회에서의 여성과는 달리 현대 여성들은 마음대로 거리를 활보할 수 있게 되었고, 그런 의미에서 공적 공간에서 배제되는 상황에서 한참 벗어난 것처럼 보인다. 택시를 타든 버스를 타든 지하철을 타든 자동차를 타든 제한받지 않게 된 여성들은 말을 탈 수도, 걸을 수도, 사방이 뚫린 가마를 탈 수도 없었던, 또 신분에 따라 탈것이 제도적으로 규정되던 전통 사회 여성과 전혀 다르기 때문이다. 그러나 그렇다고 계층과 성별의 차이가 전혀 거론되지 않거나 여성억압적 상황이 나타나지 않는 것은 아니다. 현대 사회에서 자본의 하나인 속도는 남성에게 속해 있고 여성들, 특히 저소득층 여성들은 빠름이 대변하는 기계−남성−자본의 연결 문화로부터 여전히 소외되어 있다.

사이보그 시대의 하이브리드 부용

도덕적 몸 가꾸기와 미용 성형

이이의 『격몽요결』擊蒙要訣에는 선비의 몸동작을 아홉 가지로 구분하여 말하는 대목이 있다. 그 내용은 "정중하고 신중하게 걸을 것, 가지런하고 공손하게 손을 둘 것, 반듯하고 단정하게 눈을 둘 것, 입은 지그시 다물고 움찔거리지 않을 것, 목소리는 고요하게 할 것, 머리는 반듯하게 할 것, 숨쉬기는 엄숙하게 할 것, 덕스럽게 서 있을 것, 씩씩한 얼굴빛" 등으로 요약된다. 전통 사회에서 마음을 수련하는 공부의 중요성 못지않게 몸 단련이 강조되었음을 보여 주는 예이다. 전통 시대 여성들에게 얌전한 몸가짐과 단정한 용모가 강조되던 것 역시도 이와 같은 맥락이다. 전통 유교 사회에서 바람직한 여성, 덕녀가 되기 위한 훈육은 우선 몸 단련을 통해 이루어지는 것으로 이해되었다.

이러한 의미에서 선통 유교의 몸 훈육에서 몸은 수동적인 것으로 이해된다. 전통 유교가 마련한 규율에 의해 그 표면에 그 의도가 각인

된다고 여겨진 유교적 몸은, 푸코가 말하는 몸–권력 체계로도 설명될 수 있다. 몸은 생리적이고 의미 작용이 가능한 것이며, 의미 작용은 권력의 효과로 나타난다고 푸코는 말한다. 푸코의 설명 방식에 따르면, 유교적 몸은 권력의 작용을 받는 수동적인 물질이라고 할 수 있다. 그렇다면 현대 사회에서 각광받는 미용 성형, 몸 만들기 열풍은 어떠한가? 사회 전체의 이념이나 제도보다는 개인의 취향, 욕망, 선택이 우선시된다고 주장하는 현대 사회에서 개인의 몸에 대한 관심은 과연 주체적이고 자율적인가? 전통 사회에서의 몸 단련과 현대 사회에서의 몸 가꾸기 열풍은 다른가 같은가? 같다면, 혹은 다르다면 무엇이 같거나 다른가?

예뻐서 죄송합니다?

지금은 타계한 한 희극인은 우스꽝스런 몸짓과 함께 "못생겨서 죄송합니다"라는 멘트로 큰 웃음을 주었다. 외모가 한 인간을 평가하는 데에 중요한 기준이자 하나의 자본인 사회에서 못생긴 것은 '죄송한 일'임을 드러내는 개그다. 이러한 현대 사회의 세태는 전통 유교 사회와는 큰 대조를 이룬다. 전통 유교 사회에서 여성의 빼어난 용모는 덕스러운 여성이 되는 데에 커다란 방해물로 작용한다 여겨졌기 때문이다. 부녀사덕 중 셋째 덕목은, 여성의 용모에 관한 부용婦容이다. 부용에서 갖추어야 할 것은 꼭 아름다운 얼굴이 아니다. 여성 규훈서에서 부용은 "세수를 깨끗이 하고 의복을 정결하게 하며 정기적으로 목욕을 하여 몸에 때가 없게 하는 것, 그리고 덕스러운 몸짓을 통해 이루어지는 것"이라 규정되어 있다. 즉 여성의 얼굴에 대해 "구태여 곱기를 취하고자 함이 아니요, 조용하고 자연스럽기를 주장하니 기뻐도 거친 태도가 없고 유순하여도 씩씩하며 단정하고도 매몰스러운 빛이 없는 얼굴"이어야 한다고 말한다.

이처럼 조신하고 얌전한 몸짓을 통해서 덕스러운 여성이 되는 과제를 수행할 수 있다고 보는 전통 유교에서는 여성의 아름다운 용모를 중요하게 부각하지 않는다. 외모가 잘난 것보다는 가부장제의 질서를 위반하지 않는 생각과 말씨, 가부장제를 공고히 하는 데 도움이 되는 몸가짐이 더 중요한 것으로 간주된다. 여성 규훈서의 근간이 되는 『열녀전』은 못생긴 용모에도 불구하고 나라를 안정시킨 여성들에 대해 전한다. 용모보다는 가문과 나라를 안정시키고 빛내는 것이 여성이 추구해야 할 기본 소임임을 강조하는 것이다. 대표적으로 절구통 같은 머리, 푹 들어간 눈, 길쭉하고 울퉁불퉁한 손가락과 발가락, 들창코, 튀어나온 목, 목 뒤의 두둑한 살집, 검은 피부의 못생긴 외모였다는 종리춘鍾離春은 나라를 안정시킨, 사리분별이 밝고 '모범적이고 덕스러운 여성'으로 분류되었다. 이와는 달리 『열녀전』은 얼굴은 아름다웠지만 덕이 없어 집안과 나라를 망친 일종의 전형적 주범으로, 중국 하나라의 마지막 왕 걸왕의 비였던 말희를 꼽는다. 아름다운 용모가 덕녀의 절대적인 조건이 되지 않음을 보여 주는 것이다.

이 같은 내용은 현대 여성주의 입장에서 어떻게 이해될 수 있을까? 외모가 강조되는 현대 사회의 분위기 속에서 여성의 몸, 여성의 용모에 관한 관념은 전통 시대에 비해 해방의 의미로 해석될 여지가 있는 것일까? 아름다운 용모를 갖추어야 한다는 관념이 강조되지 않던 전통 유교 사회에서의 여성의 몸 가꾸기는, 현대 사회에서 여성에게 강요되는 몸 가꾸기와 비교할 때 어떤 의미를 지닐 수 있을까?

현대 사회에서 보기 좋은 외모는 성격이나 품성보다 더 중요한 것으로 인식된다. 현대 사회에서 보기(look at)와 보이기(look like)는 한 사람의 정체성을 구성하는 중요한 요소이다. 특히 현대 사회가 중시하는 자본으로부터 대체로 가장 배제되어 있는 젊은 여성들에게 아름다운 외모는 자본에 가까이 다가서기 위한 중요한 수단인 동시에 인간다움, 여성다움을 이루는 가장 중요한 요소라는 생각이 널리 퍼져 있다. 그렇기에 아름다운 몸, 젊은 몸을 가지려는 사람들의 노력은 엄청나다. 맑고 고운 피부, 근육이 적절히 붙은 S라인의 몸매, V라인의 얼굴과 쌍꺼풀, 오똑한 코를 가지기 위해 여성들은 끝없이 노력한다. 현대 사회에서는 이렇게 몸이 주체가 되어 그 사람의 정체성을 설명해 준다.

이런 현대 사회의 분위기는 덕스러운 몸가짐, 모성, 내적인 품성 등을 통해 바람직한 여성상을 제시하던 전통 시대와 사뭇 다르다. 앞서 언급한 『열녀전』의 「얼폐전」에서도 악녀는 미모가 뛰어났던 것으로 묘사된다. 미모로 남자를 유혹해 가정과 국가를 위기에 빠뜨렸기 때문이다. 이와는 반대로 자신의 성적 매력을 은폐하거나(『열녀전』「정순전」 '제효맹희'), 자신의 아름다움이 남성을 미혹시킬까봐 코를 베는(『열녀전』「정순전」 '양과고행') 등 미모를 훼손시키는 여성들은 덕녀로 간주된다. 덕녀와 악녀의 구분은 가정과 나라, 남성을 돕는 여성이냐 망치는 여성이냐에 따르므로, 미모는 여성의 덕에 포함되지 않는다. 전통 사회에서는 못생긴 외모가 죄송한 것이 아니라, 오히려 아름다운 외모가 '죄송한 일'이었다.

지금은 성형 시대

이와 달리 현대 사회에서는 미용 성형 수술이 보편화되면서 몸은 점점 개인의 자산이자 개인의 자아정체성을 표현하는 매개물로 자리 잡는다. 그 가운데서 인간은 점점 실리콘, 금속성의 부품들과 섞이게 되는데, 이는 일종의 사이보그가 되어 가는 과정이라고도 할 수 있다. 이러한 혼종의 시대에 여성들의 몸 가꾸기는 통제와 규율의 대상이었던 전통 사회의 훈육적 몸과 얼마나 다를까? 다르다면 무엇이 다를까? 유교 사회가 요구하는 덕녀가 되기 위한 덕목으로서의 몸 수양과 현대 사회에서의 몸 가꾸기는 이떤 맥락에서 다르게 논의될 수 있을까? 그 양상과 본질은 각각 무엇인가? 전통 유교 사회에서의 몸 수양과 현대 자본주의 사회에서의 몸 가꾸기는 각각 나름대로 사회에서 여성 주체로 나아가는 방법이 되는 것일까, 아니면 여성의 몸을 봉건주의 혹은 자본주의에 예속시킬 뿐인가?

몇 해 전 몸짱 열풍을 일으킨 여성이 있다. 두 아이의 어머니, 결혼 10년 차, 삼십 대 후반인 그녀는 일반적인 '아줌마' 이미지를 넘어서 잘 관리된 몸매를 지니고 있었다. 때문에 '봄날 아줌마' '몸짱 아줌마'라는 호칭으로 단박에 스타덤에 올랐다. 아니, 거기서 나아가 자기 몸을 잘 관리하였다는 측면에서 주체적 여성의 모습으로도 찬사받았다. 늙어 가는 몸을 거부하거나 슬퍼하는 것이 아니라, 늙어 가는 속에서도 자신의 삶을 새롭게 기획하고 자신을 배려하는 모습이 아름답다고 이해된 것이다. 이렇게 보면 현대 사회에서 아름다운 얼굴과 날씬한 몸은 여성의 자기애, 주체적 면모 등으로 이해되고 있는 듯하다. 10년 전쯤만 해도 성형을 했다는 사실은 내놓고 자랑할 만한 것이 아니었다. 성형이 다반사로 이루어지는 연예인 사회에서조차 대놓고 말할 수 있는 분위기가 아니었다. 그 시절에는 쌍꺼풀이나 코 수술을 했다는 것만으로도 사회적 파장이 일 만큼 성형 수술이 커다란 이슈가 되곤 하였다. 당시 성형은 자연성에 위배되는 인위성·비정상성으로 간주되었고, 부정적인 어감을 지닌 단어였으므로 성형을 하더라도 그것을 대놓고 이야기하는 사람은 거의 없었다.

하지만 최근에는 많이 달라졌다. '신체 튜닝'이라는 신조어가 출현했을 만큼 성형을 당연시하는 분위기이다. 성형하는 데에 비용이 얼마 들었다는 이야기가 공유되고 비만과 피부 관리를 주요 치료 과목으로 두는 한의원이 많아지는 등, 성형과 관련한 다양한 담론들이 등장하였다. '얼짱'과 '몸짱'이라는 말 역시도 이 시대를 설명하는 대표적인 개념이다. 외모가 중시되는 이 시대에 얼짱, 몸짱은 남들보다 우월하고 우세한 위치를 선점한다. 주어진 몸을 그대로 보존하는 것만이 최선이 아니라 그것을 잘 관리하며 개조하는 차원까지도 용납되고 나아가서는 그 방법론이 논의되고 권장되기도 한다.

잘 관리된 몸매는 뭇사람들의 부러움과 찬사를 받는 대상이 되었고, 몸을 잘 가꾼 사람의 이야기는 영웅담처럼 사회 전체에 퍼져 나간다. 때문에 최근에는 신체 변형 행위 자체를 무조건 혐오하는 분위기보다는 얼굴 성형, 지방 흡입 수술, 유방 확대 수술에 대한 성공 담론이 긍정되는 분위기이다. 이제 미용 성형에서 주목되는 지점은 성형을 했느냐의 여부가 아니다. 예뻐지겠다는 일념이나 그를 위해 '성형'을 선택하는 것이 나쁜 것이 아니라, 이러한 의도에 부합하지 못한 '잘못된 성형'이 나쁜 것으로 간주된다. 크게 화제가 되었던 '선풍기 아줌마'에 대한 주목은 그것을 반영하고 있는 사례라고 하겠다. 외모 지상주의와 무분별한 성형이 가져오는 폐해에 대한 비판이 그 사례에 대한 논의의 본질이라고는 하지만 그 안에는 제대로 된 전문적인 성형 기술을 과시하는 풍조와, 좋은 성형 – 나쁜 성형, 전문 기술 – 사이비 기술을 이분하여 보는 논리가 숨겨져 있다. 이처럼 현대 사회에서 몸은 더이상 주어진 대로 그저 보존해야 할 대상이 아니라, 다양한 기술을 선택하고 이용하여 끊임없이 개조할 수 있는 대상으로 이해된다. 그래서 지방 흡입술을 받다가 목숨을 잃었다는 어느 여대생의 이야기, 쌍꺼풀 수술 이후 그 부작용으로 우울증에 빠져 자살을 했다는 어느 여자 승무원의 이야기도 심각한 수준에서 논의되지 않고 그저 운 없는 한 개인의 에피소드로 묻히고 만다.

몸을 자유롭게 드러내고 변형하는 것이 가능해진 현대 사회에서 여성들의 몸 관리는, 전통 유교 사회에서의 훈육에 따른 여성 몸 가꾸기의 문제와 매우 다른 맥락 속에서 논의된다. 전통 사회에서 여성의 몸 관리가 가부장제와 가문의 존속이라는 과제와 철저하게 연관되었다면, 현대 사회에서 여성의 몸 관리와 성형은 자기애와 자기표현이라는 차원, 여성 주체성의 지점을 확보하는 것으로까지 이해되고 있다. 현대 사회에서도 여전히 교양 있는 몸짓의 기준이 정해져 있기는 하지만 전통 사회에서와는 비교될 수 없을 만큼 자유롭다. 외압적이고 훈육적인 방식으로 가꾸어지는 것이 아니라 자유롭게 개조할 수 있는 것, 선택의 여지가 있는 것으로 몸을 이해하기 때문이다.

수신하는 요조숙녀 vs. 성형하는 현대 여성

앞에서도 서술하였듯이 전통 유교 사회의 가부장적 지배 권력은 여성의 욕망을 용인하지 않기 위해 여성의 몸에 다양한 규제를 가해 왔다. 예컨대 여성의 몸은 욕망하는 몸이기에 앞서 생산하는 몸, 아이를 기르는 몸이라는 점이 강조되었다. 여성의 욕망은 무시되거나 부정당하고, 여성의 욕망을 억제하고자 하는 남성의 권위 의식만이 반영되었다. 따라서 예쁜 용모는 덕녀가 되는 것에 방해되는 요인으로 작용하며, 여성은 예쁘기보다는 단정하고 조신한 몸가짐을 가질 것이 요구되었다. 대부분의 여성 규훈서가 덕스러운 여성, 덕스러운 몸가짐, 부드러운 말씨와 얼굴 표정 등을 강조하였던 것은 이 때문이다. 따라서 바람직한 여성이라면 "방문을 드나들지라도 조심하여 나들고, 천연히 공경스럽게 문을 열고 닫되 전후를 살피어 조용하고 찬찬히 해야 한다. 자리 없는 땅에 앉아서는 안 되며 버선을 벗고 다녀서도 안 된다"(『내훈』)든가 "옥을 상자에 넣어 깊이 감추어 둔 것처럼 하여 남이 알지 못하게"(『류한당언행실록』) 행동하여야 하며, "항상 고요하고 단일하도록 행동하며 행동거지를 황잡히 말고 법도에 맞갖게"(『내훈』) 해야 한다. 이처럼 전통 유교 사회에서 모범적인 여성상이란, 말과 행동을 경계하여 정숙하고 조신하며 절개를 지키고 집안일을 잘하고 몸가짐을 바르게 하며 모든 행동이 법도에 맞는 여성을 이른다.

사회를 지탱하는 힘이 가족과 가문에 기반한다고 보는 전통 유교 사회에서 대 잇기와 가족의 영속성은 매우 중요한 것이며 바람직한 몸이 이루어지기 위한 충분조건이었다. 이는 남성뿐 아니라 여성에게도 해당되는 것으로 여성의 아름다움은 물론이고 여성의 덕을 갖추기 위한 수신의 방법도 이와 밀접하게 연관된다. 이 때문에 전통 유교 사회에서 여성의 몸 단련은 조신한 몸, 얌전한 몸짓 등과 연결되어 있다. 일례로 조선 시대 대표적인 여성 규훈서인 소혜왕후의 『내훈』이 제시하는 덕스러운 여성의 몸짓은 이러하다.

옷깃과 치마 뒤를 항상 여미어 살과 속옷이 거듭 뜨지 않게 하며, 까닭 없이 두루 돌아보지 말며, 팔 드러나게 소매 걷지 말며, 가려워도 훔쳐 적거리고 긁지 말며, 어린 자식 똥 싸거든 개가 따라붙지 못하게 해야 하니 이것이 다 어른 앞에서 못하는 일이니라. ─「내훈」

이처럼 전통 유교 사회에서 여성의 행동거지에 대해서는 의식주와 관련한 일상의 모든 면에서 조신함이 강조되었으며, 여성의 말과 몸짓은 가부장제 사회가 원하는 방식대로 훈육되었다. 남성과는 다른 방식으로 여성을 현모양처 혹은 덕녀로 만들기 위한 이러한 단속은 명백히 성차별적이고 여성억압적이라 할 수 있다. 음식을 먹을 때, 웃을 때, 양치질을 할 때, 반가운 일이나 놀라운 일을 당했을 때 등 일상의 작은 행동 하나하나가 모두 훈육의 대상이 되었다는 건 대단한 억압이 아닐 수 없다. 이렇듯 여성에게 조신하고 덕스러운 몸 가꾸기를 강요했던 전통 유교 사회의 여성억압적 규범이 가부장제적인 것이었다면, 다양한 기술을 동원해 몸을 바꿀 수 있는 하이테크놀로지 시대 혹은 자본주의 시대의 규범은 어떨까?

현대 사회에서 성형을 단지 외모지상주의의 결과로 비난했다간

뒤떨어진 사람 취급을 받기 십상이다. 성형은 자신을 위한 투자, 자기를 위한 배려 행위라는 의미를 부여받고 있다. 멋진 몸, 예쁜 얼굴을 선호하고 그것을 향해 무엇인가를 실천하는 일은 자아실현의 일종으로 이해되기도 한다. 혹자는 이러한 맥락에서 미용 성형을 단순히 외모지상주의로만 이해하는 것은, 실제로 성형을 하는 여성들이 놓인 삶의 조건과 몸의 서사를 무시함으로써 사태를 지나치게 단순화하는 것이라 비판한다. 이 시대 많은 이들은 미용 성형을 이렇게 이해하며 성형을 긍정적으로 생각하고 있다. 많은 사람이 성형을 통해 새로운 인생을 시작하는 기쁨과 설렘을 맛볼 수 있다고 여기고 있다. 외모에 치중해 자기 몸을 망가뜨린다고 부정적으로 이해하기보다는 주어진 처지에 안주하지 않고 무엇인가를 끊임없이 개발하고 투자하는 방식이라는 측면에서 긍정적이다. 더 나아가 자신을 위해 계획을 하고 돈을 쓰는 주체적 행위로서 적극적으로 해석할 수도 있다. 다시 말해 소비문화의 담론 안에서 미용 성형을 하는 여성들은 성형을 통해 자기를 사랑하며 주체적으로 인식할 줄 아는 당당한 여성들로 이해되는 것이다.(전보경, 2010)

　성형 수술을 긍정적으로 이해할 만한 또 다른 측면도 있다. 애초에 성형이나 몸 바꾸기가 부도덕하다는 생각에 내재한, 유색인종·성전환자·범죄자 등의 사회적 소수자를 통제하기 위한 다분히 정치적인 의도를 고려해 볼 필요가 있는 것이다. 얼굴이나 몸을 바꾸어 자신의 본래적 몸을 숨길 수 있다는 사실은, 외형적 특성에 따라 인간의 위계적인 구분을 정당화해 온 시스템을 혼란스럽게 만든다. 외적인 모습만으로 위계질서를 구축하고자 하는 사회에서는 외모만 봐서 흑인인지 백인인지, 남자인지 여자인지를 명확히 알아볼 수 없게 하는 기술은 '나쁜 기술'로 취급된다. 그렇기 때문에 몸이나 얼굴, 피부색을 바꿀 수 있는 테크놀로지는 위험하고 부도덕한 것으로 취급되는 것이다. 이러한 의미에서 성형은 일종의 저항적 의미를 지니고 있다고도 볼 수 있다.

이런 식으로 인간-기계의 혼종을 떠올리게 하고 원본·실체·본질 등 전통적 가치의 중요성을 해체한다는 면에서 성형은 전복적인 의미로 해석될 지점이 있다. 해러웨이Donna J. Haraway의 '사이보그'에 대한 설명에서 이런 논의의 지점을 찾을 수 있다. 해러웨이는 사이보그가 "연결점을 형성하는 실체이며, 범주적 구별들을 의도적으로 흐려버리는 상호관계성과 수용성, 전 지구적 커뮤니케이션을 나타내는 한 형상"이라고 말한다. 혼종으로서의 사이보그는 백인남성중심적 지배체제가 행한 이성-감성, 인간-동물, 정신-육체 등의 이분법을 무효화하는 이론을 제시하는 주체이다. 또한 해체와 재배치에 의해 구성되는 탈젠더적 주체를 형상화하기도 한다.

사이보그 시대의 하이브리드 부용

이처럼 현대 사회의 많은 사람들이 미용 성형을 스스로에게 자신감과 주체성을 가져다주는 자율적인 선택으로 이해하고 있다. 그리고 미용 성형을 선택하는 여성들의 구체적인 경험과 서사에 주목하는 것이 미용 성형에 대한 비판적 입장에서는 간과되었던 중요한 통찰을 줄 수 있다고 여긴다.

하지만 현대 사회에서 고도의 기술을 통한 성형이나 몸 관리법이 여성 주체 형성이나 여성해방의 문제와 연관해 논의되는 것에 대해서는 더 깊이 생각해 볼 필요가 있다. 푸코의 말을 빌리자면 "자기自己란 임의로 선택할 수 있는 것이 아니라 강제적인 것이며, 따라서 한 사람의 정체성 혹은 자기규정은 자기결정적이기보다는 사회·규범·제도·법률에 의해 자기가 설명되는 과정 속에서 만들어지는 것"이기 때문이다. 현대 사회의 개인들은 각자가 자기 방식과 개성대로 몸을 개조하고 관리하고 있다고 생각하지만, 실상 그것은 훈육된 사회적 규범의 자발적 각인일 수도 있다. 본인이 선택한 그 외모가 자신의 주체성보다는 외부에서 주어지는 것에서부터 비롯하는 수동적 결과일 수 있다는 말이다.

현대 사회에서 여성이 '누군가에게, 특히 남성에게 잘 보이기 위해서' 화장을 하거나 외모를 관리한다고 말하는 것은 종종 너무 단순한 발상이라 비난받는다. 자아라는 단어에 민감하게 반응하는 현대인들은 누군가에게 인정받기 위해서가 아니라 자기만족을 위해서 외모에 신경 쓴다고 스스로 생각한다. 물론 미용 성형을 통해 자신감을 확보할 수 있다는 말과 느낌에 주목하고 그것에 긍정적인 의미를 부여하는 것이 전혀 근거 없는 일이라 말할 수는 없다. 그럼에도 불구하고 이 문제에서 미용 성형이 지니는 허위성과 자본에의 예속이라는 중요한 측면을 간과할 수는 없다. 미용 성형을 선택한 사람이 그것을 온전히 자율적으로 통제하는가의 문제는 여전히 논쟁이 되고 있다.(정보경, 2010)

성형 수술로 얼굴이나 몸을 바꾸는 것에 대한 비판은 주로 외모 지상주의에 대한 비판과 같은 맥락 속에 있다. 미용 성형을 부정적으로 보는 사람들은, 잘생긴 외모와 못생긴 외모의 구분 기준이 어떻게 마련되는 것인지, 뚱뚱함과 날씬함이라는 상반된 가치가 어떤 권력에 기반하고 있는지, 젊은 몸을 지향하고 늙은 몸을 추한 몸과 동일시하는 생각이 소비주의·자본주의 문화와 어떻게 연결되는지 등의 문제를 이와 함께 따져야 한다고 본다. 이러한 문제에 대해 생각해 보지 않은 채 아름다운 외모 가꾸기를 자기를 위한 투자로만 이해하는 건 현실의 본질을 온전히 파악하는 방법이 아니라는 것이다.

미용 성형을 통해 획득된, 아름다운 혹은 아름답다고 간주되는 외모는 분명 자신감을 부여할 수 있지만, 그것이 진정한 의미의 자신감인가 하는 문제는 여전히 남게 된다. 미용 성형에는 인간을 몸이라는 물질로 환원하는 지점이 분명히 존재하며, 성별 권력과 가부장적 권력을 재현·재생산하는 측면도 있다. 한 사회에서 바람직하다고 여겨지는 주체의 이미지는 개인 내면으로부터 고립적으로 발생하기보다는 다양한 매개체를 통해 사회적으로 주어지며, 그것이 각 개인에게 각인됨으로써 구성된다. 이렇게 보면 미용 성형을 선택하는 많은 여성들이 느끼는 자신감과 '자기애'의 효과는 상당 부분 허구일 가능성이 크다. 현대 자본주의의 소비 담론과 가부장제 문화 속에서 마련된 자아의 이미지에 자신을 맞추는 일은, 진정한 자기애와 자기배려이기보다는 어떤 특정한 사회가 규정한 단일한 아름다움의 기준을 향해 끝없는 질주를 하는 데 불과한 것일지도 모른다.

이 같은 측면에서 미용 성형에 대한 자기배려 담론이 여성에 대한 가부장적 외모주의에서 비롯되었다고 지적하는 수잔 보르도Susan Bordo의 주장은 의미 있게 다가온다. 그는 미용 성형을 선택하는 많은 여성들이 못생기거나 노화한 외모에 억눌리기보다는 그것을 넘어서야 한다고 말한다. 즉 아름답고 젊은 외모를 성취하는 데서 자신감과 자기 배려의 느낌을 받고 그 안에서 심리적 쾌락을 느낀다고 하지만, 그것은 결국 가부장제 아래서 만들어진 새로운 방식의 훈육임을 인식해야 한다는 것이다.

제4장 부공婦工

여성의 일과 기술

일상생활을 영위하는 데 가장 기본이 되는 음식과 의복 노동은 전통적으로 여성의 영역으로 여겨져 왔다. 음식은 기본적으로 가족의 생명 유지와 관련되는 것이자 나아가서는 관·혼·상·제의 통과의례나 손님 접대 같은 중요한 일을 치르는 데도 필요한 것이었다. 또한 의복과 관련한 여성의 노동은 가족의 건강과 생명을 유지하기 위한 기본적인 일이었던 동시에 생계유지를 위한 경제적 방편이기도 했다. 전통 시대 여성들은 자신들이 담당한 이러한 일들을 수행하면서 희생하고 헌신하기도 했으며, 나아가 가사노동을 통해 좀 더 생산적이고 살아 있는 삶의 장소를 만드는 데 공헌하기도 했다. "닭과 오리를 치고, 장과 초와 술과 기름을 사고팔고, 대추·밤·감·귤·석류 등은 잘 간수하였다가 때를 기다려 내다 팔며, 여러 가지 생활에 필요한 재물을 모으고 염색법을 배워 알면 생계에 도움이 된다"는 『사소절』

의 내용은 여성의 노동이 가족의 기본적인 생명 유지 활동을 넘어 경제적 측면에서도 중요한 것이었음을 여실히 보여 준다.

근대 산업사회로 접어들어 대규모 공장과 가전제품이 등장함에 따라 여성이 담당해 온 일들은 점차 '기술'의 손으로 옮겨져 갔다. 기술이 고도로 발전하고 그것이 가정 안에까지 깊숙이 영향을 미친 현대 사회에서, 음식과 의복에 관한 일들 또한 많은 측면에서 기계의 힘에 의존해 행해지게 되었다. 그러나 기술이 힘든 가사노동에 적극 도입되었음에도 불구하고, 그것이 전통적 성 분업 이데올로기의 약화나 여성의 지위 향상으로 직접 이어지지는 않았다. 고도로 발전된 가사 보조 기술이 도입되었어도, 여성들은 여전히 많은 시간을 가사노동에 할애해야 했다.

주사의와 여성 주체
프랑켄푸드 시대의 음식과 여성의 힘

음식, 억압성과 힘

동서고금을 막론하고 음식과 관련한 일들은 대부분 여성과 짝지어져 왔다. 여성과 음식의 연관성은 안정된 식량 체계를 갖추지 못했던 원시사회에서뿐 아니라, 정착 생활이 시작되면서 상대적으로 안정된 식량 체계를 갖추었던 농업사회, 그리고 산업사회 진입 이후에도 동일하게 나타났다. 음식을 만들고 가공하고 분배하는 등 음식과 관련한 대부분의 영역에서 여성은 중요한 역할을 담당해 왔다. 이 때문에 음식을 둘러싸고 일어나는 여러 가지 문화 현상은 여성의 정체성을 설명하는 주요한 코드가 된다.

우리 전통 사회에서도 "음식이 시부모의 입에 딱 맞았다"는 표현이 며느리를 평가하는 최고의 찬사였던 것이나, 여성 인물의 행장이나 묘지명에서 "평생토록 봉제사 음식을 손수 준비하였다" 등의 칭송을 쉽게 찾아볼 수 있다는 점, 여성 규훈서에서 음식 만들기의 임무를 매우 강조하고 있는 것 등에서 그 긴밀한 연결을 확인할 수 있다. 현대 사회에서도 이는 여전히 유효하여, 예컨대 여성잡지에는 어김없이 요리에 대한 이야기가 등장한다. 남성과 여성의 일을 분리하면서 음식 만들기를 여성의 일로 규정하고 인식하던 가부장제 문화 속 성 역할에 따른 분업이 여기에 내재해 있다. 전통 유교 사회에서 음식 만들기는 자녀 양육, 시부모 봉양 등 현세대 가족 구성원의 생명을 유지하는 일뿐만 아니라 봉제사, 손님 접대 등과도 직간접으로 연결되면서 궁극적으로는 가문의 대 잇기 과제를 실현하기 위한 문제로 귀결되었다. 여성이 음식을 잘 만드는 것은 가깝게는 가족, 멀리는 조상과 친척의 생명을 보존하고 유대를 강화하는 수단이었으며, 이는 가문 유지와 연관되는 중차대한 일이었다.

다른 한편 음식 만들기는 여성의 주체성과 파워라는 측면을 드러내 온 영역이기도 하다. 나눔과 관용의 행위라는 측면에서, 음식 만들기는 단지 가부장제에 순응하는 수동적이고 피억압적인 행위가 아니라 주는 행위이자 몸을 살리는 행위, 그리고 인간의 다양한 관계들을 보전하는 적극적 행위로서의 의미를 지닌다.

이러한 의미는 현대 사회에서 먹을거리와 관련해 여성들이 주도하는 다양한 운동에서도 찾아볼 수 있다. 패스트푸드, 유전자 조작 식품, 농약과 비료 등에 찌든 피폐한 먹을거리에 도전하며 유기농 식품

먹기, 유전자 조작 식품 먹지 않기, 유해 음식 생산에 관여하는 기업들과 맞서 싸우기, 땅 살리기 운동을 이끄는 이들 중 많은 수가 여성들이다. 이러한 운동들 속에서 음식과 관련한 주체로서 여성이 드러내는 힘, 저항과 연대의 의미 등을 발견할 수 있다.

전통 시대, 음식과 여성의 이중적 관계

전통 음식 하면 정갈하고 맛깔스러운 이미지가 있다. '웰빙 음식'으로 꼽히는 산채 나물, 야채와 고기를 밀가루 전병에 싸 먹는 구절판, 꽃보다 더 고운 화전, 누름적·섭산적·화양적 등 이름도 다양한 지짐이들. 놋그릇에 담긴 전통 반상 차림을 받아 보면 그 진면목을 한껏 느낄 수 있다. 소박하다는 3첩 반상의 상차림이라도 현대인의 입장에서 보면 정말 많은 시간과 노고가 들어간다. 음식을 만드는 것이 전통 시대 여성의 가장 중요한 소임임을 떠올려 보면 전통 반상 차림에 들어가는 여성의 노고가 얼마나 큰 것이었는가를 짐작할 수 있다. 음식상의 규모에 따라 여성들의 노동 강도 또한 커졌다.

이러한 상을 차리기 위해서는 그 안에 들어가는 주재료와 부재료 모두를 구입하고 다듬고 씻고 자르고 모양내고 익히며 양념을 해야 한다. 쌀밥을 주식으로 하고 거기에 다양한 부식이 따라야 하는 우리의 전통 상차림은 엄청난 노고와 시간을 요구한다. 때문에 전통적인 식사법을 따른다고 할 때 여성들이 부엌에서 헤어날 수 있는 길은 거의 없었으며, 이는 그만큼 여성억압적인 측면이 컸다. 이처럼 전통 사회에서 음식 만들기는 여성을 부엌이라는 공간에 가두는 과업이었다.

하지만 음식 만들기와 여성을 둘러싼 전통적 논의는 단지 먹을거리의 제조와 공급이라는 문제에서 그치지 않는다. 조선 후기의 여성 생활백과인 『규합총서』에서는 「주사의」酒食議 장을 두어 술 빚고 음식 만드는 일에 대한 여성의 역할을 다루는데, 거기에는 인간의 본성을 잘 키워 내는 문제, 탐욕에 관한 문제, 음식의 효용성, 음식 먹을 자격 등의 내용이 포함되어 있다. 예컨대 여성이 담당해야 할 중요한 일인 술 빚기는 단지 술 빚는 방법에 대한 논의에서 머물지 않고 술 깨는 법, 취하지 않는 법, 술 끊는 법 등까지도 함께 포괄한다. 또 여성이 해야 할 기본적인 업무였던 밥 짓고 죽 쑤기 또한 그저 가족의 육체 보전을 위한 일이었을 뿐만 아니라 집안의 흥망을 좌우하는 의미를 지닌다 하여 강조되었다. 음식 만들기, 특히 술 빚는 일이 중요하게 여겨졌던 것은 그것이 단지 먹을거리를 만드는 일이었을 뿐 아니라 제사를 받들고 손님 대접을 잘하는 일과 긴밀하게 연결되어 있었기 때문이다. 음식과 관련한 일이 곧 집안을 다스리는 일과 밀접하게 연관되어 있음을 밝힘으로써 음식이 담고 있는 중요한 의미에 대해 언급하고, 이를 맡은 여성의 역할과 지위를 강조함으로써 음식 만들기가 단지 기술이나 노동 차원에 머무르는 것이 아니라고 강조하고 있는 것이다.

이처럼 가족에게 음식을 만들어 먹이고 나누는 일을 여성이 독점적으로 수행함으로써 여성은 그 본질적 행위에 따르는 사회적인 파워를 갖게 된 동시에 그 영역에 갇혀 제약을 받는 이중적 상황에 놓이게 되었다. 음식 만들기로 인해 양육이나 가정과 긴밀해진 여성에게 모성과 여성성이 본성으로서 강조된 한편, 그러한 아내와 어머니에게 가족들이 종속됨으로써 여성은 가족이 무엇을 언제, 얼마만큼 먹을지를 통제하고 음식에 관한 사회적 관습에 대해 주도권을 갖게 되었다.

패스트·슬로우 푸드 시대의 음식 자본과 여성

여성들의 사회 활동이 증가하고 사람들의 의식이 변화함에 따라 식생활 역시 크게 변화했다. 대형 슈퍼마켓은 물론 작은 편의점에서도 냉동식품, 통조림, 각종 패스트푸드를 구할 수 있게 되었다. 사람들은 이제 전통적인 방식으로 집에서 모든 음식을 만들어 먹기보다는, 냉동 음식, 완전·반半조리 음식을 간단히 조리해 먹거나 아예 패스트푸드점이나 레스토랑에서 외식을 즐겨 한다. 이처럼 변화된 식탁과 식문화의 양상은 부엌에서 여성이 음식을 만드는 데 들던 시간과 노력을 상당 부분 감소시켰다. 그에 따라 여성이 가사노동으로부터 해방될 수 있다는 희망도 커졌다.

먹거리 영역에서 일어난 현대 사회의 변화는 기술의 발전을 바탕으로 이루어졌다. 예컨대 센트럴 키친(식재 공장)에서 만든 조리식품을 냉동하는 기술, 이를 패스트푸드점이나 슈퍼마켓에 빠른 시간 안에 배송하는 유통 체계, 더 나아가서는 미리 조리된 음식의 신선도를 최대한 유지하여 새로 만든 음식과 유사하게 맛을 낼 수 있는 기술이 전제되어야 가능했던 것이다. 더구나 이를 저렴한 가격으로 제공하기 위해서는 기술의 보편화가 필요하며, 이는 기술 개발을 더욱 촉구하는 방식으로 강화된다. 이처럼 현대 사회에서 음식은 개별 가정이라는 사적인 영역을 넘어서 자본주의 대량생산 체계 안에 들어가 있으며, 그로 인해 점차 가정과 가족, 여성들의 가치가 아닌 소비의 가치를 나타내는 또 다른 권력의 일부가 되었다.

이러한 대량생산·유통화 현상은 여성 정체성의 일부로 간주되었던 음식 만들기로부터 분명 여성을 자유롭게 한 측면이 있다. 패스트푸드와 다양한 외식업체는 각 가정에서 음식을 만들 때 소비해야 하는 절대 시간을 줄여 준다는 면에서 기존에 부엌일과 상차림을 맡아 왔던 여성들에게 긍정적으로 작용할 수 있었다. 간단한 조리법과 외식업체의 출현으로 이제 여성들은 음식 만드는 데 오랜 시간을 허비하지 않아도 되는 것이다. 그런데 현실은 그리 단순하지 않다. 먹거리 문화에 일어난 이러한 변화의 배후에 자리한 자본주의와 상업주의 속에서, 여성이 기존에 부엌에서 주체적 지위에 있을 때 음식에 부여됐던 상징적 취지와 의미는 희석되고, 대량생산이나 자본과의 연결 아래 음식의 질적인 저하가 일어나는 문제가 생겨났다.(모수미, 1990)

한편 패스트푸드가 건강에 미치는 위협에 관한 보고가 잇따르면서, 많은 현대인들은 이를 지양하고 '건강 밥상'에 관심을 갖게 되기도 했다. 패스트푸드는 여전히 현대인의 식생활에 애용되고 있지만, 한편에서는 이에 의존하기보다는 집에서 직접 요리한 음식, 육류보다는 채소 위주의 식단, 텃밭에서 직접 가꾼 푸성귀 등으로 꾸린 식생활을 지향하고 있다. "맛있게, 보기 좋게, 그리고 건강하게"라는 모토 속에서 이루어지는 최근의 '건강한 밥상 차리기' 열풍 또한 음식이 그저 주린 배를 채우기 위한 것이 아니라 맛 좋고 보기 좋으며 건강까지도 생각하는 것이어야 한다는 생각에서 비롯한 것이다. 음식 만들기가 단지 하찮은 일상이 아니라 고급 생활과학의 수행임을 강조하는 이러한 풍조 속에서, 이는 또 다시 '위대한 모성'이라는 이미지를 통해 여성과 결부되는 양상을 띠고 있다.

프랑켄푸드 시대의 음식과 현대판 주사의

현대 사회의 먹거리 생산 기술의 발전은 네모난 수박, 토마토와 감자를 합성한 포마토와 같은 신기한 먹을거리에서부터 인공 합성된 인슐린 유전자, 성장 호르몬, B형 간염 백신 같은 의료적 수준의 유전자 조작이 된 먹거리를 생산해 내는 단계에까지 이르렀다. 유전자를 개별적으로 분리하고 원하는 대로 이동시켜 만들어지는 유전자 변형 작물은 생산성 증가와 병충해에 대한 강력한 저항력을 가지기 때문에 지구의 식량난을 해결할 수 있다는 희망을 주기도 한다. 현재 유전자 변형 기술은 기존의 벼보다 비타민A 함량이 우수한 황금쌀, 백신 성분이 들어 있는 바나나, 쉽게 무르지 않는 토마토, 해충에 잘 견디는 옥수수 등의 재배를 가능하게 함으로써 새로운 먹을거리를 탄생시키고 있다.

유전자 변형을 찬양하는 사람들은 유전자 자체가 원래 식품에 포함되어 있는 것일 뿐 아니라 우리가 늘 식품에서 섭취하는 것이므로 안전성을 위협받을 만큼의 특별한 요인은 없다고 말한다. 또 유전자 변형에 의해 새롭게 만들어지는 물질은 주로 단백질로 섭취되며 이는 금세 소화되기 때문에 중금속처럼 몸에 축적되어 나쁜 영향을 미치지 않는다고 말한다. 따라서 세계적으로 곡물 수요량이 증가하고 지구 환경의 악화와 기후 문제 등으로 전 세계 경작지가 감소된 데에 따른 식량난을 겪는 이 시점에, 유전자 변형 기술은 긍정적이고 낙관적인 것으로 평가받을 만하다고 말한다. 성장 호르몬 주사를 맞은 소에서 짜낸 우유, 유통기한을 늘려 주는 유전자 변형 토마토 등으로 시작된 다양한 유전자 변형 기술은, 지구 환경이 점점 더 악화되는 가운데서 박테리아와 고등식물을 변형시켜 독성 물질이나 중금속을 분해하게 하고 살충제와 화학 비료의 사용을 감소시켜 믿을 만한 녹색 작물을 개발시킬 수 있는 차원으로까지 도입되고 있다.

하지만 여전히 많은 사람들이 유전자 변형의 안전성에 대해 걱정한다. 유전자 변형 작물이 종래의 농작물과 다르게 새로운 유전자에 의해 새롭게 만들어진 물질을 포함하고 있어 그에 따른 부작용을 감수해야 하는 위험성은 여전히 남아 있다는 것이다. 또한 유전자 조작 식품으로 인해 생태계가 교란되는 등의 환경 문제가 발생할 수 있기 때문에 유전자 재조합 식품을 보는 시각은 국가마다 다르다. 서유럽을 위시하여 남아시아, 남아메리카 지역의 NGO 단체들은 유전자 조작 식품에 대해 거센 저항을 하는 반면, 미국 정부는 이와 상반된 생각을 가지고 있다. 서유럽 국가에서는 유전자 조작 식품을 '프랑켄슈타인 식품'이라고 부르며 일반 대중들도 기피한다. 오스트리아 같은 나라에서는 유권자의 20퍼센트에 이르는 시민들이 유전자 변형 유기체의 방출과 유전자 조작 식품의 특허를 반대하는 성명서에 서명하였고, 노르웨이에서는 시민협의회가 유전자 변형 식품을 반대하였으며 독일 소비자의 95퍼센트가 유전자 변형 식품을 거부하였다. 영국과 아일랜드 전역에서는 시민 불복종 운동으로 형질 전환 작물의 야외 시험장이 파괴되기도 했다. 슈퍼마켓에서 팔리는 식품의 절반 이상이 유전자 조작 식품이며 국민 절대 다수가 안전하다고 신뢰하는 미국에서조차 최근 미국식품의약국(FDA)에서 유전자 조작 식품에 관련된 몇 가지 위험 사항들을 열거하는 상황에 이른 것을 보면, 유전자 조작 식품에 대한 안전성은 확신하기 어렵다고 할 수 있다.

이렇게 우리의 밥상이 위협받는 상황은 우리를 패스트푸드나 프랑켄푸드에 의존할 수 없게 한다. 그래서 여성들은 다시 전통적 주사의 수행에 뛰어들게 된다. 음식을 만들어서 가족과 가문을 잘 지키는 것이 여성의 일 중에 중요한 것으로 이해되었던 전통 사회와 마찬가지로 현대 사회에서도 건강에 좋은 음식을 마련하여 그것을 가족에게 섭취하게 하는 일이 다시금 여성이 담당해야 할 중요한 과업으로 부각되었다. 환경오염이 심각해지고 식품안전사고가 빈발할수록 소비 주체로서의 여성·주부의 역할은 점점 더 강조되고, 그것을 잘하는 여성이라야 바람직한 여성, 좋은 어머니가 되는 것이다. 그래서 아토피로 고생하던 첫아이를 자연요법으로 완치시킨 어머니의 위대함이 부풀려져 찬양되고, 좀 더 싼 가격의 푸성귀를 찾아 헤매기보다는 무농약·유기농 식품을 꼼꼼히 챙겨 '건강 밥상'을 차리는 여성이 현대판 현모양처의 모범으로 간주된다.

누군가를 먹이고 생명을 살리는 일은 물론 매우 중요한 일이다. 그런 의미에서 음식을 담당해 온 여성의 일은 그저 부엌에서 행해지는 허드렛일로 가치 폄하할 수 없는 일이다. 그러나 그러한 이유를 들어 당연히 그 일을 여성이 전담해야 한다거나 여성의 본성으로서의 모성을 함께 운운하는 관행이 과연 바람직한 것인지 따져 볼 일이다. 이와는 별개로 유기농 식품을 찾는 것 자체가 자연을 사랑하고 이웃을 사랑하는 맥락과 일치하는 것은 아니라는 사실도 언급될 필요가 있을 것이다.

봉임칙과 능부
바느질과 길쌈, 미싱과 봉제의 미학

한 땀 한 땀 바느질: 교양 여성이 되는 길

동서고금을 막론하고 바느질은 여성의 전유물 혹은 여성성의 대표적인 상징으로 인식되어 왔다. 조선 시대의 대표적인 여성 규훈서인 『내훈』「모의」 장에는 "열 살이 되거든 밖에 나가지 아니하며 스승의 가르침을 온순하게 좇아 들으며 삼과 모시를 잡으며 실과 골무를 다스리며 베를 짜며 끈을 꼬며 여자의 일을 배워 의복을 만들더니라"라고 하여, 바느질이 여성의 일임을 강조했다. 『규합총서』에서도 「봉임칙」縫紝則 장을 따로 두어 옷 만드는 법에서부터 염색과 길쌈, 수놓기 등에 이르기까지를 자세히 다루었다. 이처럼 길쌈과 바느질 솜씨는 전통 시대 여성들에게 부덕, 용모, 말씨, 음식 솜씨와 더불어 반드시 갖추어야 할 중요한 덕목 중의 하나였고, 여성의 미덕인 인내와 함께 강조되었다. 이 때문에 전통 사회에서 바느질 솜씨는 여성들의 성품을 가늠하는 중요한 기준이었으며 여인들은 바느질을 자신들의 천직으로 여기며 바느질 도구들을 정성스럽게 간직했다.

전통 사회에서 요조숙녀의 정숙한 자태를 말할 때 방 안에 들어앉아 음전하게 수를 놓고 있는 여성으로 묘사하였던 것이나, 수를 잘 놓는 여성을 며느릿감, 신붓감으로 선호하였던 것은 바느질을 전형적인 여성의 일로 인식하였음을 잘 보여 준다. 신분이 높은 양반집 규수들이 호롱불 앞에 다소곳이 앉아 수를 놓는 모습으로 묘사되는 것은 모두 이러한 맥락에 있다. 그만큼 전통 사회에서 바느질은 여성의 수양적 측면에서 권장되었으며, 바느질 솜씨는 여성의 교양과 성품의 정도를 평가하는 기준이었다. 이 때문인지 바늘은 곧잘 여성의 성품에 비유되었다. 바늘의 뾰족한 끝이나 곧은 몸은 직언을 잘하는 성격이나 곧은 마음에 비유되었고, 바늘귀는 바른 말을 듣는 것에, 바늘의 부러지는 모습은 남에게 비굴하게 굽히기보다는 강직하게 결단하는 성격에 비유되면서 여성의 올바른 성품과 연결되었다.

바느질, 수놓기, 길쌈: 능부가 되는 길

음식과 관련한 일이 단지 먹을거리를 준비하는 일인 데 그치지 않고 가정을 다스리는 의미를 부여받았던 것처럼, 옷과 관련한 일 역시 단순히 꿰매기나 수놓기, 옷감 짜기 등에 불과한 것이 아니었다. 가난한 살림에 수놓기와 바느질, 길쌈을 하여 남편과 아들 뒷바라지를 잘한 여성의 이야기가 심심치 않게 있을 만큼 바느질과 길쌈은 여성들에게 수양의 의미와 함께 가사 경제와 밀접하게 연관되는 노동이었다. 특히 생활 전선에 직접적으로 참여해야 했던 서민 여성에게 바느질은 주요한 경제적 수단이었다. 남녀유별이 극심했던 전통 시대에 바느질은 순종과 인내의 미덕을 기르는 수양의 방편이었을 뿐만 아니라 생활을 영위하기 위한 경제 활동이었던 것이다. 따라서 여성들은 많은 시간을 바느질 도구를 제작하거나 바느질을 하면서 보냈고, 이 때문에 전통 시대 여성들에게 골무나 바늘꽂이, 반짇고리 등의 바느질 도구는 소중하고 친밀한 물건이었다. 바느질 도구를 의인화하여 여성들만의 심리를 표현한 「규중칠우쟁론기」閨中七友爭論記, 「조침문」 등의 글은 바느질과 여성의 긴밀한 연관성을 보여 주는 생생한 예이다.

바느질과 더불어 길쌈 역시 여성이 담당해야 할 중요한 일로 간주되었다. 『예기』 「예운」이나 『여씨춘추』 등을 보면 "남자는 밭을 갈고 여자는 길쌈한다"라고 하여 남녀 성별에 따른 역할 구분을 논한다. 밥 먹고 옷 입는 일이 인간 생활의 가장 기본이라 할 때 농사와 길쌈은 대단히 중요한 의미를 지니는 것이었으며, 그 가운데 농사는 남성의 일로, 길쌈은 여성의 일로 구분하였던 것이다. "남자는 밭을 갈고 여자는 길쌈하는 것이 천하의 대업이다"라는 유학의 성별 역할(젠더) 분업 관념은 전통 사회에서 직조 노동이 대체로 여성에 의해 이루어졌다는 사실을 알려 준다.

　뽕나무 씨 뿌리는 일, 누에를 키우는 일, 목화나 모시 등을 심어 기르는 일과 같은 농사일은 주로 남성의 영역에 속하는 것이었지만, 삼베와 모시, 무명과 명주를 짜는 등의 직조와 가공은 여성의 영역에 속하는 일이었다. 조선 시대의 농업 권장 정책이 그냥 권농이 아니라 상蠶, 즉 양잠을 포함한 '권농상'이었다는 것과, 왕은 친농을, 왕비는 친잠을 행하였다는 사실은 당시 농사와 더불어 길쌈이 얼마나 중요한 것이었는가를 보여 준다. 길쌈은 경제활동으로서 큰 영역을 차지하였다. 『경국대전』 '국폐' 조에서 "포布와 저화楮貨를 통용한다"고 하여 베가 화폐와 동일한 기능을 한다고 규정하고 있는 것은 전통 사회에서 여성이 생산 활동에 적극 참여하였음을 알려 주는 증거이다. 이덕무의 『사소절』에 보이는 다음과 같은 언급은 길쌈을 여성으로서 마땅히 갖추어야 할 덕목, 남성이 시서 육예를 아는 것에 준하는 일로 간주하였음을 알려 준다.

　부인으로서 바느질하고 길쌈하고 음식 마련할 줄 모르면 이는 장부로서 시서와 육예를 알지 못하는 것과 같다. 그러므로 『예기』에는 베를 짜고 띠를 땋으며 바느질을 하고 깁고 꿰맨다고 하였다. 요즘은 서울 부인들은 베 짜는 일을 알지 못하고 사대부의 부인들은 밥 짓는 것을 알지 못하니 이는 다 비루한 풍습이다. 베 짜고 밥 짓는 것을 수치스러운 것으로 본다면 이를 가려 부인이라고 이르겠는가 ―『사소절』

선비의 아내로서 생활이 곤궁하면 생업을 다소 경영하는 것이 마땅하다. 길쌈하고 누에 치는 일은 본래 부인이 해야 할 과업이거니와 닭과 오리를 치는 일, 장·초·술·기름 등을 파는 일이며 대추·밤·귤·석류 등을 잘 저장했다가 적당한 시기에 장에 내다 파는 일이며 홍화·자초·단목·황벽·검금·남정 등을 사서 쌓아 두는 일은 부업으로 무방하다. 그리고 도홍색·분홍색·송화황색·유록색·초록색·하늘·작두자색·은색·옥색 등 염색법을 잘 알아 두는 것도 생계에 도움이 될 뿐만 아니라 여공의 일 중 하나다. ─「사소절」

길쌈과 바느질 등의 노동을 강조하는 이덕무의 언급은, 여성 역할의 중요성을 미화하는 한편 여성이 가정경제까지도 책임져야 한다며 여성의 의무를 과중하게 부과하는 생각을 다분히 담고 있다. 그러나 한편 이 내용은 전통 유교 사회에서 여성이 노동을 통해 당당히 경제활동의 한 축을 담당해 왔음을 드러낸다. 이렇게 보면 전통 사회에서 여성의 미덕은 단지 현모나 양처 되기에만 있었던 것이 아니라, 능부能婦의 이미지까지 포괄하는 것이라고 말할 수 있다. 즉 효부나 열녀와 같은 규범적인 여성상에 의거하면서도 현실적으로는 여공에 의해 실용적이고 현실적인 생활까지 유지하는 것이 여성들의 과업이었다. 가정경제를 일으키고 치산하는 것을 중요하게 여기는 실제 사회 분위기 속에서는 단지 순종적이고 교양을 쌓는 데만 치중하는 여성이 아니라, 현실적으로 강인한 여성의 이미지가 강조되었다. 가정에 대한 강한 책임의식을 지닌 전통 사회의 능부란, 곧 집안일은 여성의 몫이라는 내외법적 사고와, 여성의 일을 잘하는 것이 부덕이라는 규범적 사고가 어우러져 창출된 개념이었다. 즉 남성의 완성을 위해 보조하는 단계를 넘어 가정경제마저 확실하게 책임지는 것이 전통 유교 사회가 원하는 바람직한 여성이었던 것이다.

여성의 바느질, 남성의 바느질

빨간 꽃 노란 꽃 꽃밭 가득 피어도
하얀 나비 꽃나비 담장 위를 날아도
따스한 봄바람이 불고 또 불어도
미싱은 잘도 도네, 돌아가네.
　　ー 노래를 찾는 사람들, 「사계」

창신동은 동대문 의류상가에 납품할 옷을 만들어 내는 하청 공장이 밀집해 있는 곳이다. 거기에는 발 디딜 틈 없이 작고 제대로 된 창문 하나 없는 폐쇄된 공간의 작업장이 있다. 그런 열악한 장소에서 일년 내내 재봉틀을 돌리면서 임금을 받는 여성들이 있다. 창신동에서 미싱 일을 하는 사람 중에는 30년 넘게 같은 일을 해 온 여성 노동자들도 꽤 있다. 한 가지 일을 그렇게나 오래 했다면 그는 분명 달인 중의 달인일 것이다. 그리고 그런 숙련공의 수입은 아주 많아야 할 듯하다. 그런데 생각과는 달리 그렇지가 않다. 최근 미싱사 모집 공고에 나와 있는 시급의 수준은 만 원 안팎이다. 최저임금 4,860원의 두 배 가량으로, 다른 기술 숙련공에 비하면 결코 많은 임금이 아니다.

전통 사회에서는 물론 현재까지도 많은 사람들에게 바느질은 여성의 일이라고 이해되지만, 산업사회에서 기계를 사용하는 재봉 기술이 개발됨에 따라 의복에 관한 노동은 때때로 남성의 영역으로 확장되어 이해되었다. 이는 방직이나 패션 분야에서도 마찬가지이다. 서양에서 방직은 전통적으로 여성들이 도맡아 왔던 일이지만 산업혁명 이후 자동 방직기계가 남성의 손에 들어가면서 남성들이 여성의 숙련노동을 대신하였다. 또 패션 분야에서 유명 남성 디자이너들이 활발하게 활동하는 것도 이 같은 맥락에서 이해할 수 있다.

이런 변화 속에서 여성이 남성에 비해 낮은 임금을 받는 것에 대해 많은 사람들이 여성들의 숙련되지 않은 노동 기술 때문이라고 생각한다. 하지만 실제 드러나는 숙련도 문제에서 여성들의 노동을 비숙련노동으로 가치 폄하하는 것이 과연 정당한 것인지에 대해서는 의문을 가져 볼 필요가 있다. 바느질은 전통적으로 여성의 일로 여겨져 왔기 때문에 값싸고 손쉽게 구할 수 있는 노동으로 간주된다. 그런데 임금은 사용 가능한 노동력의 공급도와 그 기술에 대한 숙련의 정도에 의해 결정된다. 즉 오랜 세월 동안 바느질이나 재봉틀 일을 해 온 사람이라면 숙련공으로서의 임금을 받기에 충분할 것이다. 하지만 여성은 아주 오랫동안 바느질을 해 오고 재봉틀 앞에서 옷을 만든 이라고 해도 숙련공으로 대접받지 못한다. 아무리 능수능란하게 기계를 다룰 줄 안다고 해도, 바느질에 관한 한 여성들의 이 기술은 그저 당연한 것으로 받아들여지고 이런 기술적 숙련은 평가절하되면서 불충분한 임금 지급의 근거가 된다. 이렇게 보면 여성들의 재봉 노동이 비숙련노동으로 취급되는 이유는 내용적 측면에서 비숙련이어서가 아니라 여성 노동이 산업결집력을 확보하지 못했기 때문이라고 보아야 할 것이다. 재봉 일은 하나의 기술임에 틀림없고, 기술이 숙련되었다면 좀 더 나은 대우를 받는 것이 정당할 것이다. 숙련공이라는 말에 들어 있는 모종의 권위에는 기계에 대한 더 탁월한 지식과 능력이 내포되어 있을 것이기 때문이다. 그런데 오랜 세월 동안 재봉틀 앞에 앉아 왔던 여성들에게 숙련공이라는 수식어는 붙지 않는다. 그들은 그저 시다나 제품쟁이로 불리는 비전문가, 비숙련 노동자일 뿐이다.

여성들은 아주 간단한 기계만 사용할 수 있을 뿐 복잡한 기계는 다룰 수 없다든지 과학 영역에 두려움을 느낀다든지 하는 사회적 편견들은 매우 일반화되어 있다. 전통적으로 여성이 담당해 온 역할들을 기술과 무관한 것으로 간주하면서, 여성은 기술을 이해하고 작동할 수 없다고 단정 짓고 기술 교육의 대상에서 미리 제외시키는 일도 비일비재하다. 이러한 현실은 기술에 대한 여성의 능력을 폄하하는 성차별적인 편견을 반영한 것이다. 이러한 맥락 속에서 여성들은 아무리 오랫동안 노동을 했더라도 '비숙련자'로 남게 된다.

가사노동과 가정 기술
빨래터와 자동 세탁기, 부엌과 시스템 키친

미국의 사회학자 조안 배닉Joann Vanek은 「가사노동에 투여된 시간」(Time Spent in Housework)이라는 논문에서 과학기술의 발전과 가사 기술의 과학화가 비록 몇 가지 개별적인 가사노동들 사이에서 시간의 재배치를 이루어 내긴 했지만, 사실 이 기간 동안 전업 주부가 가사노동에 투입한 시간의 총량은 변하지 않았다고 강조한 바 있다. 이러한 연구들은 각 가정에 가전제품이 보급되었음에도 불구하고 현대 사회에서 여성의 가사노동은 줄어들지 않았음을 증명하고 있다. 즉 현대 사회의 가사노동은 전통 사회의 개별 노동만큼 고되거나 힘들지는 않지만, 여성들의 여가 시간을 다 앗아갈 정도로 점점 더 확장되고 있다는 것이다. 가사 기술의 도입이 개별 노동 시간을 줄인 것은 맞지만, 총 가사노동 시간에는 별다른 영향을 미치지 못했다는 이 결론은 다소 놀랍다.

주택을 기계화하고 가정생활을 규격화하려는 시도에 내재된 모순에 대한 페미니스트들의 지적도 이러한 맥락과 맞닿아 있다. 주택의 기계화, 가사노동의 절감을 위한 가전제품의 도입 등의 시도들은 사적이고 분산되어 있으며, 그러므로 노동집약적인 가사노동에는 이들이 긍정적인 영향을 미칠 수 없었던 것이다. 가사 기술의 상당한 변화에도 불구하고 성별, 시간, 효율성, 가사노동자의 지위는 근본적으로 변하지 않았다.

빨래터에서 이루어지는 부덕

지나간 시절의 시냇가 빨래터에는 막연한 향수가 어려 있다. 봄이 되어 겨우내 찌든 이불이며 옷가지들을 이고 여인들이 모인다. 소매를 걷어붙이고 빨래를 두드리며 한껏 웃고 떠들면서 이야기를 주고받던 빨래터. 한 귀퉁이에 솥을 걸어 두고 불을 지펴 빨래를 삶고 방망이로 두드려 빨면서 여인들은 묵은 스트레스를 날린다. 여성들이 나다닐 수 있는 공간이 제한되어 있던 시절에, 공적 공간에서 공개적으로 모일 수 있던 빨래터는 다양한 서사와 의미가 존재하는 공간이었다. 그러나 빨래라는 노동이 여성들에게 얼마나 중노동이었던가를 생각해 보면 그에 대해 막연한 향수만을 가질 수는 없을 듯하다.

빨래에 대한 사전적 정의는 "옷이나 이불 등에 묻은 오물을 제거하는 행위"이다. 사전마다 조금씩 다르게 표현하고 있지만 오물을 제거한다는 의미에서 대동소이하게 정리된다. '오물을 제거하는 행위'는 매우 간단명료한 것처럼 보인다. 하지만 실제로 빨래하는 과정을 자세히 살펴보면 말처럼 그렇게 단순한 것이 아니다. 우선 더러워진 빨랫감을 물에 담가 불린다. 그런 다음 세제를 묻혀 주물러서 본격적으로 빨랫감에 묻은 오물을 제거한다. 깨끗한 물에 여러 번 헹구고 물기를 짜서 넌다. 오물을 제거한다는 행위에 집중하다 보면 빨래는 여기에서 끝나는 것처럼 보인다. 하지만 여기에서 빨래의 과정이 모두 끝나는 것은 아니다. 다 마른 빨래를 개서 빨랫감마다 각각의 주인을 찾아 보관함에 분리해 두어야 하고, 다림질이 필요한 빨랫감은 다리미질도 해야 한다. 그뿐만이 아니다. 풀 먹이기와 삶는 것이 필요한 빨래도 있다. 어떤 이들에게는 향수의 대상인 빨래는, 이렇게 보면 상당한 힘이 요구되는 중노동임에 분명하다.

하늘은 맑고 깨끗하며 해는 중천에 떠 있네.

모든 집에서 일제히 빨래하러 온다.

열 폭이나 되는 옷은 바위를 덮은 듯 펼쳐져 있고

셀 수 없는 방망이 소리가 시내 전체를 부수는 듯하네.

분주한 붉은 다리는 빈사의 여종이요.

고개 숙인 검은 머리는 장사꾼의 아내라네.

저녁 어스름 빨래통 머리에 이고 느지막이 들어오는데

사립문 넘어 작은 방에서는 아이가 울어 대네.

   — 정약용, 「석계완의」石溪浣衣

조선 후기의 실학자 다산 정약용이 지은 이 시에는, 하루 종일 빨래터에 나가서 빨래하다가 황혼이 어스름한 저녁에야 빨래통을 이고 집에 돌아오는 빨래 여정이 고스란히 담겨 있다. 전통 시대에 빨래는 그만큼 시간을 요하는 중노동이었다. 빨래 한번 하자고 하면 여간 번거로운 일이 아니다. 무거운 빨랫감을 머리에 이고 동리 밖 시냇가까지 나가야 한다. 잿물에 담가서 힘차게 주물러 빨고 헹구어 내고, 특히 겨우내 묵은 찌든 빨래라면 방망이로 두드려 때를 빼 내야 한다. 게다가 동정을 떼어내서 손질해야 하는 저고리처럼, 분해하여 세탁한 후 다시 바느질을 해야 하는 옷은 노동이 가중된다. 화로를 피워서 인두를 달구고 주름이 지지 않도록 힘껏 잡아당기면서 다림질을 해야 하는 옷도 있고, 모시 적삼이나 이불 호청처럼 풀을 먹여 다듬이질을 해야 하는 것도 있다.

『내훈』 등의 여성 규훈서에서 빨래는 음식 만들기와 더불어 주요한 부모 봉양의 내용을 이루었다. "관이나 띠에 때가 묻었으면 잿물에 담가서 빨아 드릴 것을 청하고, 의복에 때가 끼어도 잿물에 담가서 빨 것을 청한다"와 같이 깨끗하고 단정한 옷을 입게 해 드리는 것이 효의 기본적인 내용이 되었다. 특히 흰색 옷을 즐겨 입었던 조선 시대 사람들에게 빨래는 부모 봉양이나 남편 내조의 덕목과 긴밀하게 연관되었다. 옷은 외부에서 남과 더불어 활동하는 데 필요한 것이고, 그만큼 남들 눈에 적나라하게 드러나는 부덕이었다. 옷을 깨끗이 빨아 반듯하게 다림질해서 입고, 터진 곳이나 얼룩진 곳이 없게 하는 것은 부덕의 주요한 임무였던 것이다. 이덕무의 『사소절』에서도 이 같은 내용을 구체적으로 다루고 있다. "남자의 옷이 빨았는데도 때가 남아 있고, 꿰맨 것이 성겨 터진 데가 있고, 풀 덩어리가 엉겨 붙어 있고, 다리미의 불이 튀어 구멍이 나고, 구겨지고, 얼룩지고, 넓고 좁음이 대중이 없는 것 등은 다 부인의 책임"이라는 내용은 빨래와 관련한 것이 여성의 소임이었음을 소상하고 분명하게 보여 준다.

전통 유교 사회에서 빨래가 이만큼 강조되었던 이유는 옷을 깨끗이 빨아 입는 것이 '공들임'의 차원에서 이해되었기 때문이다.

다듬기를 달걀과 같이 반들반들하게 하고 베를 다리기를 매미 날개와 같이 아늘아늘하게 하는 것은 사치를 위함이 아니다. 그것이 곧 부녀자의 공들임이다. 실을 잣고 솜을 타며 옷을 다리고 비단을 다듬이질하는 것은 비록 종이나 부리는 사람이 있더라도 손수 익혀야 할 것이다.

　　ー『사소절』

이처럼 전통 사회 여성들은 하루 종일 부지런히 손을 놀려 빨래하고 풀 먹이고 두들기는 고달픈 과정을 되풀이해야 했다. 이렇게 공을 들이는 과정을 통해 부덕이 온전히 완성될 수 있었기 때문이다. 고달픔은 공들임의 척도로 찬양되었고 그만큼 여성들의 수고는 커져만 갔다.

전자동 세탁기와 여성 노동

현대 사회에서조차 빨래는 다양한 여성 노동 중에서도 힘든 중노동에 속한다. 하물며 세탁기가 보급되기 이전에는 매일 나오는 빨랫감을 한겨울에도 고무장갑 없이 맨손으로 빨아야 했으므로 여성들에게 큰 부담을 주는 노동이었다. 물론 상층 계급의 여성은 여종이나 하녀, 식모 등을 고용함으로써 힘든 노동으로부터 벗어나는 방법도 있었지만, 그렇게 고용된 이들 역시 여성인 것은 마찬가지였으며 하층 계급의 여성들이 빨래라는 중노동에서 벗어날 길은 없었다. 따라서 가사 일을 스스로 담당할 수밖에는 방법이 없었다. 여러 가지 가전제품 중에서도 세탁기가 이른 시기에 개발된 것은 물리적인 힘이 많이 필요한 노동으로부터 벗어나려는 사람들의 욕망이 반영된 결과일 것이다.

자동 세탁기의 등장은 빨래의 중노동으로부터 여성들을 해방시킨 일등 공신이었다. 세탁기 기술의 발달로 더 이상 찬물에 손을 담그고 빨래를 하지 않아도 되게 되었고 번거로운 빨래 삶기를 할 필요도 없어졌으며, 건조 기술도 발명되어 빨랫줄에 빨래를 손수 널어야 하는 수고도 절감되는 데까지 나아갔다. 이렇게 보면 분명 세탁기의 발명과 판매는 여성들의 일을 줄여 주는 지대한 역할을 했다고 해도 과언이 아니다.

그러나 세탁기의 사용으로 인해 오늘날 여성들이 세탁에 소비하는 시간 자체가 줄었는가에 대해서는 더 생각해 볼 일이다. 상식적으로 생각할 때, 인간이 손으로 직접 해야 하는 일을 세탁기가 대신하게 되었으니 그 노동에 할애하였던 만큼의 시간과 에너지가 절약되어야 하고, 그 노동을 담당했던 여성들은 그만큼 그 노동에서 자유로워지고 한가해져야 말이 된다. 하지만 현실적으로는 그렇게 명쾌하게 되지 않았다.

우리의 막연한 믿음과는 달리, 가전제품의 도입으로 여성의 일이 줄어드는 결과가 나타나지는 않았다. 세탁기의 발명을 비롯한 가사노동의 기술화는 여성으로 하여금 힘든 육체노동으로부터 벗어나게 해 주었지만 또 한편으로는 다른 방식으로 여성을 억압하는 상황을 초래하였다. 기계가 여성의 일을 대신하게 되었음에도 불구하고, 여전히 여성의 역할로 남아 있는 새로운 일들은 굳건히 남아 있기 때문이다. 예컨대 세탁이라는 임무를 완수하기 위해서 여성들은 여전히 세탁물을 구분하여 세탁기에 넣는 일, 스위치를 눌러 작동시키는 일, 빨래가 다 되면 건조기에 넣거나 건조대에 널어 말리는 일, 다 마른 빨래를 개고 다림질하는 일 등을 해야 한다. 또 세탁기가 고장 나면 수리를 부탁해야 하고, 수리공이 오면 그 시중도 들어야 한다. 한편 과거와 달리 위생 관념이 강화됨에 따라 세탁의 횟수 자체가 증가하면서, 전자동 세탁기의 출현에도 여성들이 세탁에서 해방되는 일은 더 요원해졌다.

기술의 고도화에도 가사노동이 줄지 않게 된 것은 기계가 도입됨으로 인해 가사노동의 성 역할 분업이 더욱더 고착화했다는 점에서도 기인한다. 가사 보조 기술이 발전하고 가사 일에 기계가 도입되는 가운데 성 분업은 소멸되기보다 오히려 새로운 형태로 재생산되었던 것이다. 기계와 남성이 연관되어 있다는 일반적인 인식이, 새롭게 변화된 가사 작업장에서는 남성이 가사일과 밀접해질 것이라는 추측을 만들었지만 실상은 그 반대였다. 분명 전통 사회와는 달리 현대 사회에서 남성들이 가사노동에 참여하는 빈도는 증가하였다. 거기에는 가사노동에 대한 인식의 변화가 있었고 그와 더불어 기계의 도입이라는 측면이 상당히 많이 작용하였다. 하지만 많은 경우 남성들은 아내가 하는 가사노동을 분담하기보다는 여성들과는 다른 영역의 가사노동에 참여한다. 전통 사회에서도 지붕을 갈아 이는 일이나 제사 때 장을 보는 일 등은 남성이 담당해 왔던 것을 생각해 보면 크게 달라진 상황이라 할 수는 없다. 현대 사회에서도 남성들은 형광등을 갈거나 고장 난 기계를 고치는 등의 일에 주로 참여하고, 세탁, 식기 세척, 음식 만들기, 아이들에게 밥을 먹이고 옷을 갈아입히며 목욕을 시키는 일 등에는 덜 참여하는 경향이 있기 때문이다. 이렇듯 시간이 많이 소비되는 가사 일에는 남성들이 참여하지 않음으로 인해 아무리 가사 보조 기술이 발전해도 여성들의 가사 일이 줄어들지는 않는 셈이다. 이러한 상황에도 불구하고 기계가 가사노동을 대체하였다는 인상은, 기계의 역할을 부각시킴으로써 여성이 하는 일을 축소·은폐시킨다.

이처럼 기계가 사람의 일을 대신하게 되었다는 사실은, 여성이 세탁을 기계에게 맡겨 더 이상 할 일이 없어졌다고 여기게 만든다. 이러한 맥락에서 세탁에 관한 많은 일이 현실적으로는 여전히 여성들이 담당해야 할 가사노동으로 남아 있음에도 불구하고, 여성은 세탁이라는 일에서 완전히 해방된 것처럼 간주된다. 테크놀로지의 발전이 가사노동의 가치를 저하시키는 데에 일조함으로써 이제 가사노동은 힘들지 않은 일처럼 이해되고, 그만큼 여성은 자유롭고 한가로워져서 여가 생활을 즐길 수 있는 존재라고 이해되는 것이다. 많은 사람들이 세탁기는 세탁기가, 설거지는 식기세척기가, 청소는 청소기가 담당한다고 생각하고, 그렇기 때문에 세탁·설거지·청소 등의 일을 하는 데에서 산출되는 부수적인 일과, 그 일을 계속해 여성만이 담당한다는 사실에 대해서는 간과한다. 여성들이 음식 만들기, 빨래하기, 다림질하기 등의 직접적인 노동뿐만 아니라 가전제품 관리법 익히기, 가전제품 수리 방법 터득하기 등 예전에는 하지 않았던 노동까지 도맡고 있는 상황은 중요하게 논의되지 않는다. 더욱이 현대 사회에는 위생 관념이 발달하고 전반적으로 의식주나 자녀 양육에 관한 의식 수준이 높아졌기 때문에 가사노동도 질적으로나 양적으로 증가했다고 볼 수 있다. 세탁기의 도입으로 한 번 빨래할 때 드는 노동의 양은 상당 부분 경감되었지만, 대신 예전보다 세탁을 더 자주 하게 되면서 결코 노동의 양은 줄지 않았다는 것이 하나의 예다.

부엌, 전통적 여성

하회마을이나 민속촌, 한옥마을 등에서 볼 수 있는 전통 가옥에는 고즈넉하고 정겨운 느낌이 서려 있다. 하지만 전통 가옥의 구조를 자세히 살펴보고 나면 뭔지 모를 씁쓸한 느낌이 있다. 제한된 공간 안에서 답답한 삶을 살았을 여성들의 모습이 떠오르는 데서 오는 느낌이다. 특히 매운 연기 때문에 흐르는 눈물을 행주치마에 닦아 가며 불을 때고 밥을 짓고 음식을 만들어 가족을 먹이고 제사를 지내고 손님을 맞이했을 여성들의 모습을 떠올리면 우울한 감정이 배가된다.

"남자가 부엌에 들어가면…"하던 말에는 공간과 권력의 내밀한 연관성이 가득 담겨 있다. 공간은 권력과 연계되어 있고 흔히 젠더 문제와도 결부되어 있다. 가족 역시도 하나의 사회제도이기에 공간으로서의 가옥 안에도 권력과 젠더의 역학 관계가 들어 있으며, 부엌의 위치와 구조는 그것을 적나라하게 보여준다. 전통 가옥에서 부엌은 내외법에 근거해 주로 여성들이 머물렀던 안채에 위치하였다. 또한 그 구조는 여성들의 노동 조건이 얼마나 열악했는지를 짐작하게 한다. 부엌의 내부는 안방을 향한 자리에 부뚜막을, 부뚜막의 아래쪽에 아궁이를 설치한다. 아궁이는 방고래로 불길이 잘 들도록 아래쪽에 위치해야 했다. 이처럼 아궁이가 낮은 곳에 위치함으로써 아궁이에서 음식을 만들거나 솥에서 밥을 푸는 일, 국을 뜨는 일을 해야 하는 여성들은 부엌 바닥에 쪼그려 앉거나 허리를 굽혀 낮은 자세로 활동하지 않으면 안 되었다.

생활과 노동의 공간으로서 전통 가옥의 부엌 구조가 지닌 불편함은 이뿐만이 아니다. 환기가 되지 않는 부엌에서 아궁이에 불을 지피면 안이 매운 연기로 가득 차 여성들은 연기와 씨름을 해야 했다. 굴뚝이 달려 있다 해도 굴뚝만으로는 아궁이에서 나오는 연기를 다 해결할 수 없었기에 부엌문은 늘 열려 있어야 했고, 여성들은 추운 겨울에도 찬 바람에 노출된 채 부엌에서 일을 했다. 옛 가옥에서 이러한 부엌은 여성이 머무는 고유한 공간이었던 동시에 여성 자체에 비유되었으며, 그로 인해 현실의 성차별을 매개하는 상징 공간이기도 하였다. 즉 부엌은 남－녀, 음식을 만드는 자－먹는 자, 주체－타자의 체계 속에서 여성에게 할당된 위치였다.

다이닝 키친, 시스템 키친 그리고 여성

부엌의 사전적 의미는 '일정한 시설을 갖추어 놓고 음식을 만들고 설거지를 하는 등 식사에 관련된 일을 하는 곳'이다. 이에 비해 '음식을 차리는 방'이라는 의미를 가진 주방은, 이제 더 이상 실외의 공간이 아닌 실내 공간이다. 전통 가옥에서의 부엌이 부수적인 위치에 놓임으로써 어둡고 후미진 곳에 있었고 불을 때서 하루 세 끼의 밥을 짓는 곳으로 그 역할이 한정되어 있었다면, 현대 가옥 구조에서의 주방은 더 이상 여성이 머무는 실외의 고립된 공간이 아니며 나아가서는 새로운 생활양식에 따른 식생활의 변화, 새로운 재료의 개발 및 각종 산업의 발달에 의한 도구의 다양화 등으로 그저 식사 준비를 하는 곳이라는 관념에서 벗어난 공간이 되었다.

이처럼 가사 기술의 도입은 주택 설계에도 큰 영향을 끼쳤고, 특히 여성들의 공간으로 이해되는 부엌에 대한 인식을 크게 바꾸었다. 가정주부가 노동 시간을 최소화할 수 있는 주택 공간에 대한 논의가 활발하게 이루어짐으로써 부엌의 작업 동선을 단축하려는 시도와, 주택 내에서 부엌의 위상을 높이려는 노력이 강화되었다. 이러한 변화 속에서 현대 사회에서 '부엌'이라는 용어보다는 '주방'이라는 용어가 더욱 애용되었다. 또한 주방에 신기술이 도입되면서는 '시스템키친'이라는 개념도 생겨났다.

더욱이 다이닝 키친, 시스템 키친 등이 제공하는 다른 실내 공간과의 접목은, 전통 시대 부엌이 지녔던 닫힌 공간이라는 이미지는 물론 '음식'과 직결되는 근대적 주방의 이미지로부터도 완전히 벗어나게 하였다. 구조상 다이닝 키친과 시스템 키친은 가족 모두가 드나드는 열린 공간이며, 따라서 부엌과 여성을 동일화하는 사고에서 어느 정도 벗어나 있는 설계다. 그만큼 이제 키친은 순수한 가사노동 공간이나, 사회와는 무관한 주부들만의 전용 공간으로 인식되지 않는다. 취사, 조리를 위한 공간인 동시에 그 외 단란한 가족의 장, 부부 간의 대화의 장, 자녀 교육의 장으로서의 역할도 담당하게 됨으로써 가족 공동의 생활공간으로 간주된다. 이와 같이 주방이 다양한 역할을 담당하게 되었다는 것은, 이제 주방이 더 이상 주부만의 공간이 아니라 가족 공동체 모두의 정서적 공간이 되었고 그만큼 주부는 주방의 가사 노동으로부터 해방되었음을 의미하는 듯하다.

그러나 현실적 상황은 그렇게 간단하지 않다. 시스템 키친이 들어서면서 여성들은 주방에서 가전제품을 관리하며 청결과 위생이라는 새로운 기준을 충족시키는 데에 엄청난 시간과 노력을 들여야 하게 됐다. 또 새로운 가사 도구가 생겨남으로써 그에 따른 새로운 노동 과정이 발생하고 이러한 수고로움을 덜어 줄 또 다른 도구들을 필요로 하게 되는 악순환의 구조에 놓이게 되었다. 냉동식품, 반조리 식품, 인스턴트식품 등으로 인한 식탁의 간소화는 얼핏 부엌의 소형화를 촉진하거나 그 불필요성을 강조하게 될 것같이 보인다. 하지만 현실에서는 이러한 가사노동의 상품화 현상이 증가함에 따라 점점 더 기계화·고급화·대형화된 부엌이 양산되는 역설적 상황이 야기되었다.(김항아, 2004)

안방 한편에 부속 건물처럼 붙어 있던 전통 부엌이 집 한가운데, 즉 거실 옆으로 옮겨지고 주택의 중심 공간을 점하면서 더 이상 분리된 공간이 아니게 되었다. 그에 따라 여성의 지위도 상승하고 권한도 커져 집안은 이제 여성의 세상이 되었다고 부풀려졌지만, 실상 주부들은 부부 침실이나 공동의 공간을 소유할 뿐 정작 자기만의 방은 소유하지 못하는 일이 비일비재하다. 또 주방이 개방화됨에 따라 가사노동이 오히려 증가되는 측면도 나타났다. 식탁과 주방에 치워야 할 물건들이 늘어져 있게 되는 것을 가족 구성원들이 쉽게 감지하게 되었고, 따라서 주부는 가능한 한 빨리 그것을 치워야 하는 즉각적인 가사노동의 수행의 부담을 안게 된다.

'부공'의 부담은 사라졌는가

현대 사회의 여성들은 더 이상 전통 유교 사회에서처럼 고되게 밥을 하거나 집에서 술을 담그지 않는다. 직접 음식을 만들어 손님을 접대하는 경우도 점차 줄어들고 있다. 호롱불을 친구 삼아 늦은 밤까지 바느질을 하거나 수를 놓는 여성도, 길쌈을 하는 주부는 더더욱 없다. 세탁기 덕분으로 겨울에 찬물에 손 담그고 빨래하는 일도 없고 성능 좋은 압력밥솥의 등장 덕에 매운 연기 맡아 가며 가마솥에 밥을 하는 일도 사라졌다. 냉장고가 있어 먹고 남은 음식 처리가 손쉬워졌고, 식기세척기가 있어 설거지도 기계가 대신한다. 주스 기계, 믹서, 분쇄기 등등의 소소한 가전제품이 일상화되었기에 가사 일은 예전에 비해 특별한 어려움이 없는 것처럼 보인다. 아파트의 부엌은 그저 일하는 공간이 아니라 안락함까지도 함께 누릴 수 있는 공간으로 이미지화된다. 여성은 가정 내에 갇히고 배제된 것이 아니라, 기계에 가사 일을 맡기고 편안함을 누릴 수 있는 존재로 비춰진다. 새롭게 개발된 기계와 기술들은 많은 영역에서 인간을 대신하고 있으며, 그런 점에서 현대인으로서의 여성은 노동으로부터 자유로워졌다고 말할 수 있을 법하다.

전통 여성에게 '부공'이라는 이름하에 부과되었던 노동의 내용들이 기술과 기계의 발전을 통해 상당 부분 해결되었다는 것은 거짓이 아니다. 고도로 발전된 기술과 가사보조기계들 덕분에 전통 여성들이 담당해 왔던 노동 하나하나의 강도는 분명히 절감되었다. 그러나 이러한 가사노동의 기계화조차 가정 내에서 여성의 일을 줄이는 결과를 가져 오지는 않았다는 사실을, 앞에서 언급한 조안 배닉이나 앤 오클리Ann Oakley, 루스 코완Ruth Cowan 등의 연구자들은 밝히고 있다. 가사노동의 기계화는 기술은 여성의 일을 감소시키기보다는 오히려 가부장제를 강화하는 데에 훨씬 더 많이 봉사하였다. 즉 기술의 발달이 전통적인 성별 역할의 구도를 변화시키거나 여성의 사회적 지위를 나아지게 하는 데에 생각보다 큰 힘을 발휘하지 못한 것이다.

가사노동에 기술이 도입되고 가족의 전형 또한 근대적 핵가족으로 변화하였어도, 여성을 가정에 머무는 사람으로 간주하고 여성이 가사노동에서 벗어나지 못하는 상황은 이어져 왔다. 더욱이 자본주의와 가부장제의 만남은 여성을 가정 내에 머물게 하는 이데올로기, 즉 새로운 내외법을 창출하였다. 예컨대 전기, 가스 등을 이용한 각종 기계의 도입과 식품 가공 산업의 발달로 인해 주부들의 가사노동을 수월하게 하는 측면이 있었지만, 육체노동의 경감을 가져온 한편 부수적으로 이들 가전제품을 수리·관리해야 하는 등의 새로운 노동이 등장하게 되었다. 또한 전반적으로 높아진 사람들의 위생관념이나 자녀 양육에 대한 기대치의 상승은 이와 관련된 가족 가사노동을 증가시켰다. 즉 세탁기는 빨래할 때 드는 육체적 노동을 경감시켰지만 세탁 횟수를 늘임으로써 결국 동일한 양의 노동을 필요로 하게 된 것이다. 이뿐만이 아니다. 대량생산되는 식품으로 인해 주방에서 음식을 만드는 횟수는 줄었지만 식품을 사러 대형마트에 나가야 했고 이 모든 일을 계획하는 일도 여성의 일이 되었다. 그리고 이 모든 일은 가족에 대한 애정의 표현으로 미화되었고 그 속에서 이상적인 엄마와 부인의 기준은 높아졌다.

이처럼 가사노동에 기계화가 도입되는 과정은 새로운 가사노동을 만들어 내는 요인이 되었고, 가사노동이라는 기준의 변화 속에서 결국 여성들은 오히려 더 많은 시간과 노력을 가사에 기울여야 하게 되었다. 기술은 가사노동에 투입됨으로써 음식 준비나 청소에 소요되는 시간을 줄여 주긴 했지만, 다른 한편 쇼핑이나 아이 돌보기, 가족 위생 돌보기 등을 위해 현저히 증가한 노동 시간을 여전히 여성의 역할로 이미지화하고 있다. 이처럼 기술 발전은 이미 존재하였던 성 분업을 소멸시키지 못하였으며 오히려 새로운 형태로 재생산하였다.

에필로그
'테크노 페미니즘'과 '테크노 부녀사덕' 사이

　혹자는 유가 철학 안에서 페미니즘을 만날 수 있다고 하기도 한다. 하지만 공자와 맹자는 페미니즘에 대해 논한 적이 없다. 설령 그들의 철학 안에서 페미니즘 논의에 유용한 편린을 발견할 수 있다 하더라도, 공자와 맹자를 페미니스트로 명명하기에는 큰 무리가 따른다. 전통 유교 사회에서 여성들이 폐쇄된 공간 안에서 유교적 여성이 될 것을 강요받아 왔음은 상식처럼 잘 알려져 있다. 그런 점에서 유교 문화는 페미니즘보다는 가부장 문화의 진수라 하는 것이 더 어울릴 것이다.

　그러한 문화의 명분이었던 유교적 내외법의 정당성은 사라진 지 오래이고, 세상의 모습 또한 많이 바뀌었다. 더 이상 현대 사회의 여성들은 전통 유교 사회에서처럼 집 안에만 갇혀 있지 않다. 임신과 출산도 의지대로 조절할 수 있고, 말을 아끼고 줄이는 것이 아니라 오히려 조리 있게 말을 잘하기 위해 화술 학원에 다닌다. 얼짱, 몸짱이 되기 위해 미용 성형을 하고 다이어트를 하고 여러 가지 몸 단련을 부단히 하는 여성들도 많다. 각종 가전제품의 도움으로 힘을 덜 들이고 집안일을 할 수 있다. 이 책에서 살펴본 바는 그럼에도, 전통적 규범과 여성의 관계가 결코 우호적이지 않았던 것처럼 여성과 하이테크놀로지의 관계 또한 그리 유토피아적이지 않다는 것이었다.

테크놀로지와 페미니즘의 만남은 지금껏 결코 간단하거나 쉬운 일이 아니었다. 테크노 페미니즘의 한 부류인 사이버 페미니즘은 여성 권력의 향상과 기술 진보의 증가 사이에 매우 밀접한 연관성이 있다고 전제한다. 이러한 전제 아래 사이버 세계와 관련한 디지털 혁명이 전통적으로 여성들에게 부과되었던 억압을 약화시킬 수 있으며 여성들의 말과 글을 통해 새로운 문화가 형성될 수 있다고 주장한다. 이러한 주장은 일면 사실이지만 사이버 공간의 가상성이 또 다른 차원의 젠더 문제를 야기함을 간과한다. 또 다른 부류의 테크노 페미니즘인 사이보그 페미니즘 역시 마찬가지이다. 그들은 사이보그 이미지를 통해 여성들은 신체를 초월하고 여성이라는 역사적 범주, 타자와 객체를 벗어나서 자신들을 재정의할 수 있는 힘을 얻을 수 있다고 전망한다. 하지만 SF영화에 등장하는 사이보그들에게서조차 젠더의 문제가 그대로 재현되곤 하는 데서 쉽게 볼 수 있는 것처럼 이러한 낙관적 전망은 결코 확실한 것이 아니다. 사이보그 이미지는 분명 신체를 본질적이고 통일된, 자연적 정체성의 장소로 보는 믿음을 무너뜨리는 지점이 있지만, 신체가 지니는 물리적 특성을 온몸으로 느끼는 현실은 간단히 무시될 수 없는 것이다. 때문에 아무리 첨단의 기술이 개발된다 하더라도 그것이 누구에게 어떤 방식으로 어떻게 사용되는가를 의식하지 않고서는 새로운 형태의 현모양처, '테크노 부녀사덕'이 양산되지 않으리라는 보장이 없다.

〈스텝포드 와이프〉The Stepford Wives라는 영화는 이를 잘 표현하고 있는 작품이다. 남자는 남자답고 여자는 사랑받는 완벽한 세상의 이야기가 하이테크놀로지와 더불어 등장한다. 로봇 강아지, 말하는 냉장고 등 최첨단 기술이 동원된 스텝포드 마을에서 여성들은 마치 바비인형과 같은 화려한 옷차림에 스튜어디스를 능가하는 아름다운 미소를 가지고 남편의 말에 고분고분 순종하는 아내로 살아간다. 맛난 음식을 만들고, 예쁘게 집안을 꾸미고, 말끔하게 청소하는 그야말로 완벽한 현모양처들이다. 나아가 그들은 가사노동을 운동에 접목시킴으로써 집안일을 더 이상 단순하고 지겨운 노동으로만 두지 않는다. 무엇 하나 흠잡을 데 없이 완벽하게 아내의 소임을 다하는 여성들이다. 하이테크놀로지가 여성들을 가사로부터 벗어나게 해 주었을 법도 하지만, 영화 속 여성들은 그런 하이테크놀로지를 이용해 완벽한 현모양처로 살아간다.

그러나 거기에는 뭔가 수상한 것이 있었다. 그 수상함의 정체는 영화의 후반에서 여성들이 모두 로봇임이 밝혀지는 것으로 해명된다. 창작자가 보여 주고자 한 핵심 내용이 무엇이건 간에, 우리는 이 작품을 통해 '현모양처'라는 이데올로기가 단지 전통 사회에서만 유효한 것이 아니라는 점, 아무리 첨단 기술이 개발된 속에서라도 가부장제적 권력이 살아 있는 한 그 이데올로기는 언제 어디서든 등장하고 작동할 수 있는 것임을 깨닫게 된다. 기술의 극적인 변화에 따라 전통적인 '성차별적' 담론은 흐릿해지지만, 그럼에도 불구하고 그것은 또 다른 방식으로 더욱 더 공고해지는 것이다.

이와 같이 전통 사회에서 여성들의 삶을 고단하게 했던 억압적인 것들이 기술의 개발로 사라질 수 있었다는 거짓 믿음을 폭로하는 것은 이 책이 의도한 핵심적인 내용이었다. 가부장제를 기반으로 한 남성 중심적인 의식이 사라지지 않는 한, 전통적 여성 규범이 계속해서 여성들에게 굴레가 되었던 것과 마찬가지로 기술 또한 여성에게 무조건 유리한 방식으로 다가오지 않을 것이다.

더 나아가, 여성뿐만 아니라 남성을 포함한 전 인류의 노동을 기술의 발달이 과연 절감시켰는지도 다시 생각해 볼 필요가 있을 것이다. 과거 인간이 맡았던 노동의 많은 부분이 기술에 의해 대체되었고 그로 인해 인간이 노동으로부터 자유로워졌다는 것은 일면 사실이기도 하지만, 과연 기술의 발달이 인간에게 여유로움과 휴식을 갖게 하였는가의 문제는 여전히 궁리의 여지가 있다. 에스컬레이터라는 기계는 인간이 걷는 데 드는 수고와 시간을 절약해 주기 위해 고안되었다. 하지만 이 기계를 이용하는 동안 느긋하게 쉬는 사람보다는 그 시간 동안에도 끊임없이 걷고 뛰는 사람들이 의외로 많은 것을 볼 수 있다.

이렇게 보면 인간이 기계를 만들어 내고 인공지능 기술의 힘을 필요로 했던 것은 사실은 여유로움을 찾겠다는 생각에서가 아니라 더 바쁘게 살기 위해서라고 말해야 옳을 것 같다. 인간은 일을 덜기 위해서가 아니라 물건을 더 많이 만들기 위해서, 더 많은 일을 하기 위해서 기계와 로봇을 필요로 한다. 인공지능의 힘을 빌려서 생산력을 향상시키면 인간 역시 그만큼 일을 더 많이 하게 되고, 더 많이 창출된 이익은 여전히 자본가의 이익을 만족시키는 결과를 가져온다. 이렇게 보면 인공지능이 더 발전한다는 말이, 인간의 노동이 줄어든다거나 인간이 노동으로부터 해방된다는 말과 동일한 의미가 아님은 분명하다.

한편, 기계는 인간이 하라는 대로 할 뿐이고 그래서 변화무쌍한 인간의 마음을 믿기보다는 속일 줄 모르는 충직한 기계를 믿어 보는 편이 훨씬 속 편하다는 생각이 들 때가 있다. 기계와 친하면 친할수록 나의 삶은 보다 완전해지고 인간관계에서 일어나는 복잡미묘하고도 불확실한 상황에서 벗어날 수 있다고 생각되는 것이다. "기계는 인간을 속이지 않는다." 이 말은 얼마나 사실일까? 그런데 그렇게 철저하게 믿은 기계는 종종 인간을 배신하곤 한다. 길치인 나는 내비게이션 장치를 참 좋아한다. 내비게이션이 없었던 시절에는 차를 가지고 다닌다는 것이 자유롭지 않았다. 모르는 길에 차를 운전하고 갔다가 낭패를 볼까 두려웠기 때문이다. 그러니 이제는 상황이 다르다. 아무리 모르는 길이라도 내비게이션에 주소나 장소의 명칭만 넣으면 어김없이 그곳으로 인도하여 준다. 하지만 이런 기계가 나의 믿음을 배신하는 경우가 있다. 목적지 주변에 도착하였다는 내비게이션의 알림 음성을 듣고 안심하지만, 차를 세워 놓고서 보면 분명 목적지 주변이긴 한데 큰길 건너편이라든가, 심지어는 엉뚱한 곳이라든가 해서 난감해질 때가 종종 있기 때문이다.

이러한 소소한 예에서부터 볼 수 있듯이 테크놀로지는 우리의 복잡다단한 기대를 필연적으로 배신한다. 물론 그것은 기계를 절대적인 진리처럼 간주하는 우리의 기술만능 신념에서 비롯한다. 고도로 발전된 기술을 동반할수록 기계는 절대 진리로 의식되기 쉽지만, 바로 그 절대적 믿음이 크면 클수록 우리는 기술에 철저하게 배신당하게 된다.

도리어 단순한 기계는 우리를 완벽하게 속이지 못다. 예를 들어 간단한 기술이 내장되어 있는 휴대용 마사지기의 성능은 인간에 의한 손맛에 견주기 어렵고 작동도 편하지만은 않기에 기계의 한계가 분명하게 인식된다. 또 부채질하는 수고를 덜어 주는 선풍기 바람을 자연풍으로 속는 사람도 없을 것이다. 현대인이라면, 선명한 '자연풍' 버튼을 누르면서도 시간이 지날수록 점점 더 뜨거운 바람이 내뿜어질 것이라는 것까지도 명확히 알고 있다.

하지만 좀 더 고도화된 기술로 만들어진 에어컨의 경우는 속임수의 차원이 다르다. 에어컨은 내가 미리 설정해 놓은 온도대로 실내의 온도를 유지해 준다. 또 인간이 움직이는 대로 바람의 방향을 바꾸면서 시원하게 만들어 주는 기능도 있다. 단순히 시원하게 해 주기만 하는 게 아니라 경제적 효율성, 인간의 건강까지도 생각하는 그야말로 '착한' 기계이다. 하지만 에어컨의 이 첨단 기능에 나를 맡기면 맡길수록 냉방병, 알레르기, 비염 등의 병에 걸리는 것은 시간문제다. 에어컨의 달콤한 꼬임에 넘어가지 않으려면 의식적으로 창문을 열어서 환기하거나 에어컨을 껐다가 켜는 수고를 하지 않을 수 없다.

하이테크놀로지를 동반한 기계들은 이렇게 드러내지 않는 방식으로 교묘하게 인간을 배신한다. 기능과 구조가 더 복잡하고 정교한 기계에 이르면 기계가 사람을 속이는 능력은 점점 단수가 높아진다. 그래서 인간은 기계에 배신당하는 줄도 모른 채 배신당하게 된다. 그럼에도 불구하고 고도로 발달된 하이테크놀로지에 익숙해져 버린 현대인들은 속임수가 쉽게 감지되는 '솔직한' 기계에게는 매력을 느끼지 못한다. 오히려 교묘하게 우리를 배신하고 속이는, 그런 고도의 기술에 현대인은 훨씬 더 매료되고 그런 기술을 좋게 평가한다.

정말 기술이 여성을, 인간을 자유롭게 하였는지, 기술이 젠더중립적인지, 우리가 얼마나 자유롭게 기술을 선택하고 통제하고 있는지 등의 문제를 생각해보는 일은 하이테크놀로지의 시대에 매우 필요하고도 중요한 사안이다. 기술을 개발하는 목적에서부터 개발 과정, 결과 산출, 이용의 단계까지 과연 누구의 가치와 경험, 이해가 반영되고 관철되었는가를 따져보는 일은 기술의 매력을 마음껏 향유하는 일만큼이나 중요하다. 그렇지 않고서 과학 기술의 발달이 여성과 인간의 억압적 지위를 해방하는 데에 전적으로 기여한다고 평가하는 것은,

마치 유가 철학 안에서 페미니즘을 발견할 수 있다고 단언하는 것만큼
이나 지나친 일일 것이다.

참고문헌

고전 원전

『계녀약언』
『규문보감』
『내훈』
『논어』
『다산시문집』
『류한당언행실록』
『맹자』
『사소절』
『삼강행실도』
『소학』
『송자대전』
『여범』
『여사서』
『열녀전』
『예기』
『율곡전서』
『퇴계전서』
『한국문집총간』 108, 109, 115

단행본

강명관, 『열녀의 탄생』, 돌베개, 2009

국립민속박물관 편, 『조선양반생활의 멋과 美』, 국립민속박물관, 2003

국제문화재단 엮음, 『한국의 규방문화』, 박이정, 2005

김두헌, 『한국가족제도연구』, 서울대학교 출판부, 1969

김성원 옮김, 『원본 소학집주(全)』, 명문당, 2006

김수인 외, 『한식조리와 상차림』, 효일, 2008

김영식·임경순, 『과학사신론』, 다산출판사, 1999

남명진, 『영화 속 생명윤리 이야기』, 지코사이언스, 2010

낸시 초도로우, 『모성의 재생산』, 김민예숙·강문순 옮김, 한국심리치료연구소, 2008

니콜라스 네그로폰테, 『디지털이다』, 백욱인 옮김, 커뮤니케이션북스, 1999

다나 J. 해러웨이, 『유인원, 사이보그, 그리고 여자: 자연의 재발명』, 민경숙 옮김, 동문선, 2002

다나 J. 해러웨이, 『겸손한_목격자@제2의_천년.여성인간©_앙코마우스™를_만나다』, 민경숙 옮김, 갈무리, 2007

다니엘 벨, 『탈산업사회의 도래』, 김원동·박형신 옮김, 아카넷, 2006

랭던 위너, 『길을 묻는 테크놀로지』, 손화철 옮김, 씨·아이·알, 2010

레이먼드 윌리엄스, 『텔레비전론』, 박효숙 옮김, 현대미학사, 1996

레이첼 카슨, 『침묵의 봄』, 김은령 옮김, 에코리브르, 2002

로버트 D. 퍼트넘, 『나홀로 볼링』, 정승현 옮김, 페이퍼로드, 2009

론다 쉬빈저 엮음, 『젠더분석: 과학과 기술을 바꾼다』, 김혜련 옮김, 연세대학교 출판부, 2010

루스 코완, 『과학기술과 가사노동』, 김성희 옮김, 학지사, 1997

마샬 맥루한, 『구텐베르크 은하계』, 임상원 역, 커뮤니케이션북스, 2001

마샬 맥루한, 『미디어의 이해: 인간의 확장』, 박정규 옮김, 커뮤니케이션북스, 1997

메리 엘렌 브라운 엮음, 『텔레비전과 여성문화: 대중문화의 정치학』, 김선남·안홍엽 옮김, 한울, 2002

미래를 준비하는 기술교사 모임 지음, 『테크놀로지의 세계』, 랜덤하우스코리아, 2010

박창원 외, 『언어와 여성의 사회적 위치』, 태학사, 1999

빙허각 이씨, 『규합총서』, 정양완 역주, 보진재, 1975

사라 러딕, 『모성적 사유: 전쟁과 평화의 사유』, 이혜정 옮김, 철학과현실사, 1995

샌드라 하딩, 『누구의 과학이며 누구의 지식인가: 여성들의 삶에서 생각하기』, 조주현 옮김, 나남, 2009

샌드라 하딩, 『페미니즘과 과학』, 이재경·박혜경 옮김, 이화여자대학교 출판부, 2002

成律子, 『조선사의 여인들』, 김승일·신금순 옮김, 넥서스, 1998

셰리 터클, 『스크린 위의 삶』, 최유식 옮김, 민음사, 2003

소혜왕후 한씨·송시열, 『신완역 내훈』, 김종권 역주, 명문당, 1994

손인수, 『신사임당의 생애와 교훈』, 박영사, 1976

송성수 편역, 『우리에게 기술이란 무엇인가?』, 녹두, 1995

신정숙, 『여성생활문화』, 대광문화사, 1984

심영희·정진성·윤정로 편, 『모성의 담론과 현실: 어머니의 성, 삶, 정체성』, 나남, 1999

아드리안느 리치, 『더 이상 어머니는 없다』, 평민사, 1986

오시림, 『신사임당: 한국 여성의 대표적 지성 인격적 모델, 신사임당의 삶』, 민성사, 1993

오조영란·홍성욱 엮음, 『남성의 과학을 넘어서: 페미니즘의 시각으로 본 과학, 기술, 의료』, 창작과비평사, 1999

울리히 벡, 『위험 사회: 새로운 근대성을 향하여』, 홍성태 옮김, 새물결, 2006

유향, 『열녀전』, 이숙인 역주, 예문서원, 1996

윤택림, 『한국의 모성』, 미래인력연구원, 2001

이건창 외, 『나의 어머니, 조선의 어머니』, 박석무 편역 해설, 현대실학사, 1998

이경숙·김경희 외,『젠더, 이주, 모바일 놀이』, 한울, 2008

이능화,『조선여속고』, 김상억 옮김, 동문선, 1990

이동후 외,『모바일 소녀 디지털 아시아』, 한울아카데미, 2006

이블린 폭스 켈러,『생명의 느낌: 유전학자 바바라 맥클린톡의 전기』, 양문, 1983

이은상,『신사임당과 율곡』, 성문각, 1966

이재경,『가족의 이름으로: 한국 근대 가족과 페미니즘』, 또하나의문화, 2003

이중원·홍성욱 외,『필로테크놀로지를 말한다』, 해나무, 2008

이진경,『근대적 시공간의 탄생』, 그린비, 2010

이혜순·김경미,『한국의 열녀전』, 월인, 2002

임윤지당,『윤지당유고』, 허미자 편, 태학사, 1997

장필화 외,『사이버공간에서 여성 경험 사례 연구』(UNDP 지원 최종보고서 프로젝
　　트), 2002

조성숙,『어머니라는 이데올로기』, 한울아카데미, 2002

조지 바살라,『기술의 진화』, 김동광 옮김, 까치, 1996

조효순,『한국인의 옷』, 밀알, 1995

조희진,『선비와 피어싱』, 동아시아, 2003

주자,『주자가례』, 임민혁 옮김, 예문서원, 1999

진동원,『중국, 여성 그리고 역사』, 송정화, 최수경 옮김, 박이정, 2005

최삼섭·박찬국 역해,『역주 태교신기』, 성보사, 1991

최재석,『한국가족제도사연구』, 일지사, 1986

최혜진『규훈문학연구』, 역락, 2004

카틴카 리더보스 책임편집,『타임: 시간을 읽어내는 여덟 가지 시선』, 김희봉 옮김,
　　성균관대학교 출판부, 2009

캐롤린 머천트,『자연의 죽음』, 이윤숙 외 옮김, 미토, 2005

콜리고든 편,『권력과 지식: 미셸 푸코와의 대담』, 홍성민 옮김, 나남, 1991

프레드리히 클렘,『기술의 역사』, 이필렬 옮김, 미래사, 1992

한국가족문화원 엮음, 『21세기 한국 가족』, 경운사, 2005

한국고전여성문학회, 『조선시대의 열녀전』, 월인, 2002

함인희, 『한국의 일상 문화와 몸』, 이화여자대학교 출판부, 2006

홍성욱, 『생산력과 문화로서의 과학 기술』, 문학과지성사, 1999

논문

강정희, 「여성의 여가에 대한 여성학적 이해」, 『여성연구논집』 7, 부산여자대학교 여
　　성문제연구소, 1996

김명혜, 「이동전화를 통한 어머니 노릇의 재생산」, 『한국언론학보』 49권 4호, 2005

김민영, 『물의 이미지와 시간 표현』, 이화여자대학교 석사학위논문, 2005

김민정, 「팬픽(fanfic)의 환타지와 성정체성」, 『여/성이론』 7호, 여성문화이론연구소,
　　1998

김항아, 「젠더 개념을 통해 본 잡지에 게재된 주거공간의 특성과 변화: 1980년대 이
　　후 2003년까지 게재된 주거공간을 중심으로」 이화여자대학교 석사학위논문,
　　2004

김희정, 「잡지 광고의 여성역할 이미지에 관한 연구」, 중앙대학교 석사학위논문, 1994

모수미, 「패스트푸드 외식 행위에 관한 연구」, 『가정학회지』 28집 2호, 1990

서정애, 「초음파 기술이 여성들의 임신 경험에 미치는 영향: 태아 이미지를 중심으
　　로」, 이화여자대학교 석사학위논문, 1997

신수진, 「한국의 가족주의 전통과 그 변화」, 이화여자대학교 박사학위논문, 1997

여정희, 「태교신기의 태교사상 연구」, 성균관대학교 석사학위논문, 2005

윤택림, 「생활문화 속의 일상성의 의미」, 『한국여성학』 12권 2호, 1996

이선영, 「사이버 스페이스에서의 여성 배제 구조와 저항에 관한 연구: PC 통신을 중
　　심으로」, 이화여자대학교 석사학위논문, 1998

이은미, 「규방 가사의 표현특성과 여성의식 연구: 부부이별 모티프 가사를 대상으로」, 『유교와 페미니즘』, 철학과현실사, 2001

이준원, 「공동체주의에 관한 여성주의적 연구: '공동체'와 자아 개념을 중심으로」, 이화여자대학교 석사학위논문, 1999

이혜순, 「열녀전의 입전의식과 그 사상적 의의」, 한국고전여성문학회 편, 『조선시대의 열녀담론』, 월인, 2002

전미연, 「조선시대 바느질 도구를 통해 여성의 삶을 표현한 도자조형 연구」, 이화여자대학교 석사학위논문, 2002

전보경, 「몸 - 자아 테크놀로지로서의 미용 성형에 대한 계보학적 담론 연구」, 이화여자대학교 석사학위논문, 2010

정기현, 「텔레비전 광고 속의 여성성과 남성성」, 『한국방송학보』 9, 1997

조영미, 「출산테크놀로지에 대한 여성학적 접근: 시험관아기 기술을 중심으로」 이화여자대학교 석사학위논문, 1994

조주현, 「페미니즘과 기술과학: 대안적 패러다임 모색을 위한 해러웨이 읽기」, 한국여성학회 편, 『한국여성학』 14권 2호, 1998

채수진, 「페미니즘적 시각에서 본 현대 복식의 앤드로지너스 현상에 관한 연구」, 이화여자대학교 석사학위논문, 1998

한은경, 「광고에 나타난 여성의 이미지에 관한 연구」, 방정배 · 김민남 편, 『언론과 현대 사회』, 나남, 1995

Amram, F. "The Innovative Woman", *New Scientist* 1411, 1984

Andrews, W. and D. "Technology and the housewife in nineteenth-century America", *Women's Studies* 2, 1974

Arnold, E. and Burr, L. "Housework and the Applicance of Science" in W. Faulkner and E. Arnold(eds), 1985

Bebel, A, *Woman under Socialism*, New York: Schoken Books, 1971

Bereno, P., Bose, C. and Arnold, E. "Kitchen Technology and the Liberation of Woman from Housework" in W. Faulkner and E. Arnold(eds), 1985

Bose, C., Bereno, P. and Malloy, M. "Household Technology and the Social Construction of Housework", *Technology and Culture* 25, Johns Hopkins University Press, 1984

Braverman, H. *Laber and Monopoly Capital*, New York: Monthly Review Press, 1974

Bulter, J. *Gender Trouble: Feminism and the Subversion of Identity*, New York: Routledge, 1993

Cowan, R. "The 'Industrial Revolution' in the Home: Household Technology and social Change in the Twentieth Century", *Technology and Culture* 17, 1976

Cowan, R. *More Work for Mother: The Ironies of Household Technology from the Open Hearth to the Microwave*, New York: Basic Books, 1983

Dworkin, A. *Woman Hating*, New York: Dultonm, 1974

Dyer, F. "Don't Look Now", *Screen* 23(4), 1982

Giddens, A. *The Consequences of Modernity*, Cambridge: Polity, 1990

Hacker, S. *Pleasure, Power, and Technology: Some Tales of Gender, Engineering, and the Cooperative Workplace*, Unwin Hyman, 1989

Haraway, D. "A Manifesto for Cyborgs: Science, Technology and Socialist Feminism in the 1980's", *Socialist Review* 80, 1985

Harding, S. *The Science Question in Feminism*, New York: Cornell University Press, 1986

Hartsock, N. "The Feminist Standpoint: Developing the Ground for a specifically Feminist Historical Materialism" in S. Harding and

M. Hintikka(eds), *Discovering Reality Feminist Perspectives on Epistemology, Metaphysics, Methodology and Philosophy of Science*, Dordrecht: Reidel, 1983

Law, J. "Technology and heterogeneous engineering: the case of Portuguese expansion" in Wiebe Bijker, Thomas Hughes and Trevor Pinch(eds), *The Social Construction of Technological Systems*, Cambridge, Mass: MIT Press, 1987

Morley, D. *Family Television: Cultural Power and Domestic Leisure*, London: Comedia, 1986

Moyal, A. "The Feminine Culture of the Telephone", *Prometheus* 7, 1989

Oakley, A. *Essays on Women, Medicine and Health*, Edinburgh University Press, 1993

Vanek, J. Time spent in Housework, *Scientific American* 5(231), Nature America, 1974

Wajcman, J. *Feminism Confronts Technology*, Pennsylvania State University Press, 1991

Wajcman, J. "Feminist Theories of Technology" in S. Jasanoff et al. eds. *Handbook of Science and Technology Studies*, 1995

Wajcman, J. *Managing like a Man: Woman and Men in Corporate Management*, Pennsylvania State University Press, 1998

Walker, S and Barton, L. (eds), *Gender, Class and Education*, Lewes: Falmer Press, 1983